# Das neue Fritieren

Petra Kühne

# Das neue Fritieren

Völlig überarbeitete
und neugestaltete Auflage

FALKEN

Im FALKEN Verlag sind zahlreiche hervorragende Kochbücher zu den verschiedensten Themen und in unterschiedlichen Ausstattungen erschienen. Fragen Sie Ihren Buchhändler.

ISBN 3 8068 0365 X


Umschlaggestaltung: Zembsch' Werkstatt, München
Titelbild und Fotos: TLC-Foto-Studio GmbH, Bocholt
Satz: LibroSatz, Kriftel bei Frankfurt
Druck: Neuwieder Verlagsgesellschaft mbH, Neuwied

010 36575X252 423 222 120 191 8

# Inhalt

# Vorwort

Das Fritieren geht auf eine alte chinesische Tradition zurück. Entdecken Sie diese uralte, aus China stammende Kunst für unsere moderne Küche. Unterstützt durch zeitgemäße Technik wird das Fritieren, das Ausbakken in heißem Fett, immer beliebter. Unangenehme Begleiterscheinungen wie Fettgerüche und -dämpfe werden durch den Einsatz moderner Friteusen weitgehend vermieden, und Sie können nach Lust und Laune knusprige Leckereien mit und ohne Teigmantel zaubern. Denn die vielseitige Rezeptsammlung in diesem Büchlein bietet viele leckere Fritierideen, angefangen mit köstlichen Kartoffelspezialitäten, wie Pommes frites, Chips und Kroketten, bis hin zu fritiertem Gemüse, Fleisch und Fisch, ausgebackenen Früchten sowie Leckereien zu Kaffee und Tee. Bei uns begegnet man häufig dem Vorurteil, Fritiertes sei nur etwas für den Winter. Jeder Chinese würde dem vehement widersprechen, denn er wollte auf diese Leckereien auch im Sommer nicht verzichten. Außerdem wäre es auch schade, wenn man in der warmen Jahreszeit Klassiker wie gebackenen Camembert, Wiener Backhähnchen, gefüllte Frühlingsrollen, Frutti di mare oder ausgebackene Gemüse vom Speiseplan streichen sollte. Die Rezepte in diesem Büchlein bieten Ihnen vielfältige Anregungen, wie Sie Ihre Gäste und Ihre Familie mit fritierten Leckereien überraschen können. Beim Nachkochen wünsche ich Ihnen viel Spaß, gutes Gelingen und natürlich »Guten Appetit«.

# Das neue Fritieren

## Das Fritiergefäß

Wenn in vielen Kochbüchern bis heute Rezepte für fritierte Leckereien fehlen, so liegt das wohl an den unerfreulichen Begleiterscheinungen des Fritierens beim häuslichen Gebrauch. Wer kennt nicht die unangenehmen Fettgerüche, die sich durch die Wohnung ziehen und sich in Kleidung und Haaren festsetzen. Ein feiner Nebel von Ölspritzern überzieht die Geräte, und an den heißen Außenwänden der Friteuse kann man sich leicht verletzen.
Doch die moderne Technik und geeignete, nicht spritzende Fette (z. B. Cremana Frit) führen dazu, daß Sie dem Fritieren nur noch die besten Seiten abgewinnen werden. Moderne Friteusen wie die TEFAL Super cool Friteuse mit ihren vielen Extras machen Schluß mit den unangenehmen Seiten des Fritierens.

**Die TEFAL Thermo-Wand**
Die neue TEFAL Thermo-Wand hält die Hitze da, wo sie hingehört, nämlich in der Friteuse. Die Außenwand bleibt kühl.

**Der Aktivkohle-Filter**
Der 2 cm dicke Aktivkohle-Filter saugt den Fritiergeruch wie ein Schwamm auf. Der gefilterte Fritierdampf kann nur durch die Filteröffnung austreten. Die Küche bleibt frei von unangenehmen Gerüchen.

**Der fest verriegelbare Deckel**
Er hält die Friteuse während des Fritiervorgangs sicher und hermetisch verschlossen.

**Die Liftomatik**
Durch eine Knopfdrehung läßt sich der Fritierkorb von außen senken und heben. Dabei bleibt der Deckel fest verschlossen.
Das Plus: die Filterliftomatik.
Ein Filter unter dem Fritierkorb reinigt gleichzeitig das Fett.

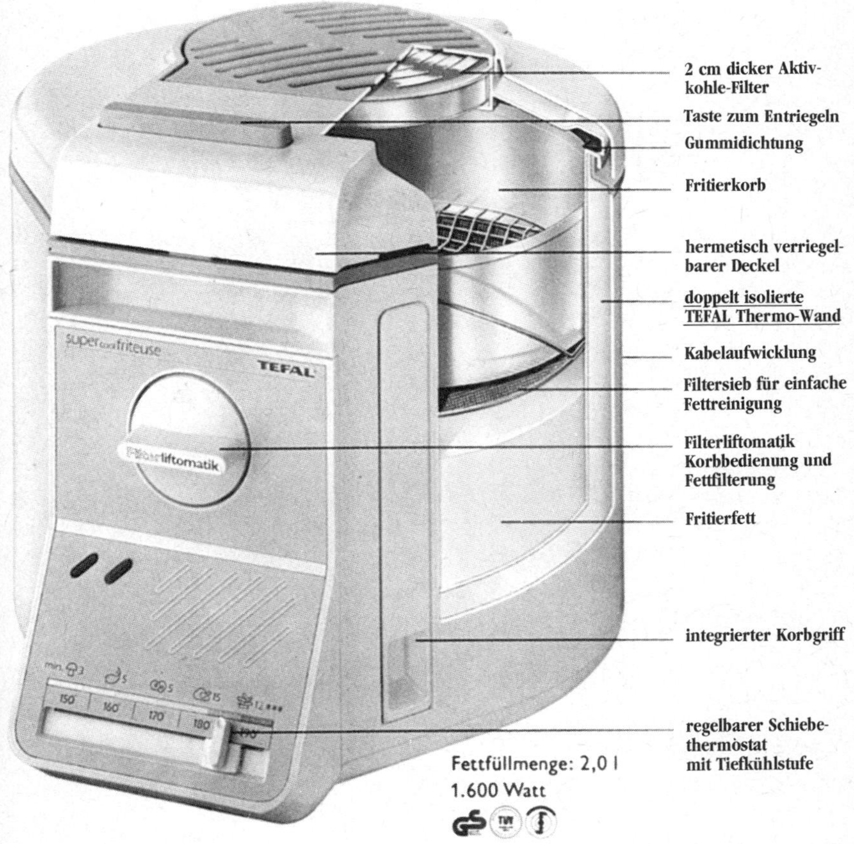
2 cm dicker Aktivkohle-Filter
Taste zum Entriegeln
Gummidichtung
Fritierkorb
hermetisch verriegelbarer Deckel
doppelt isolierte TEFAL Thermo-Wand
Kabelaufwicklung
Filtersieb für einfache Fettreinigung
Filterliftomatik Korbbedienung und Fettfilterung
Fritierfett
integrierter Korbgriff
regelbarer Schiebethermostat mit Tiefkühlstufe
TEFAL
150
160
170
180
Fettfüllmenge: 2,0 l
1.600 Watt

# Das Fritierfett

Die Verwendung des richtigen Fritierfetts ist für das Gelingen und die Bekömmlichkeit der Speisen von großer Bedeutung. Beim Fritieren wird das Fett stark erhitzt. Die Temperatur beträgt zwischen 150 und 190° C. Im Handel werden spezielle Fritierfette wie z. B. Cremana Frit angeboten. Diese Fette besitzen einen hohen Anteil gesättigter Fettsäuren und sind deshalb besonders temperaturstabil. Die richtige Temperatur des Fritierfetts ist Voraussetzung dafür, daß sich die Poren der Speisen beim Eintauchen ins Fritierbad sofort schließen. Dann kann kein Fett eindringen. So bleiben Nährstoffe und Vitamine der Speisen weitgehend erhalten. Die ausgebackenen Leckereien bleiben saftig, sind außen knusprig und schmecken. Bei der neuen TEFAL Super cool Friteuse garantiert ein regelbarer Thermostat, daß Sie keine Angst vor übermäßigem Fettgenuß haben müssen. Denn das Fett ist immer richtig temperiert. Das ist die wichtigste Voraussetzung, um knusprig fritierte Leckerbissen mit goldgelber Kruste zu erhalten.

# Was Sie beim Fritieren beachten sollten

- Fritieren Sie nur mit Pflanzenfetten bester Qualität (z. B. Cremana Frit). Spezial-Fritierfett ist hoch erhitzbar, ohne daß es zu qualmen und zu spritzen beginnt.
Tierische Fette wie Schmalz, Talg, Wal- oder Fischöl eignen sich nicht für die Friteuse. Auch keine Butter oder Margarine verwenden.
- Nicht zwei verschiedene Fette miteinander mischen. Es könnte sonst passieren, daß das Fettbad schäumt. Altes Fett kann durch Hinzugeben von neuem Fett nicht ergänzt oder verbessert werden. Das neue Fett wäre in kurzer Zeit ebenfalls verdorben.
- Das Fritiergerät immer nach Angabe des Herstellers mit Fett füllen. Ein einfacher Ausbacktopf sollte zu einem Drittel gefüllt sein.
- Es gibt keine feste Regel, wie häufig Sie Ihr Fritierfett verwenden können. Das hängt einerseits vom Fritiergut und andererseits von der Pflege des Fettes ab. Als Anhaltspunkt kann der Farbton dienen: Beginnt das Fett sich dunkelbraun zu färben, sollten Sie es austauschen.
Rückstände des Fritiergutes färben das Fett dunkel und führen zum Qualmen. Wir empfehlen daher, das Fritierfett regelmäßig von solchen Rückständen zu reinigen. Verwenden Sie dafür am besten einen speziellen Vliesfilter (z. B. TEFAL Spezial-Filterblätter).

• Das Fritiergut erst einlegen, wenn die Kontrollampe erlischt, denn dann hat das Fett die richtige Temperatur erreicht (für die TEFAL Super cool Friteuse gelten die Hinweise der speziellen Gebrauchsanleitung).

• Das Fritiergut vor dem Einlegen sorgfältig abtrocknen und langsam in das Fettbad geben (Korb der TEFAL Super cool Friteuse von außen langsam absenken): In das Fett eingebrachte Feuchtigkeit verkürzt seine Lebensdauer. Vermeiden Sie auch, daß Salz in das Fett gelangt. Den Fritierkorb in der unteren Position im heißen Fett belassen, falls das Fritiergut mit Teig ummantelt ist oder ganz aus Teig besteht. Es kann dann frei schwimmen, das Fritierergebnis ist besser.

• Nicht zu viel auf einmal fritieren. Das Fritiergut muß schwimmen können und soll bei speziellen Rezepten nicht aneinanderstoßen. Das gilt vor allem für nicht aufgetaute Tiefkühlkost und hier ganz besonders für Kroketten. Diese Tiefkühlkost nur in geringen Mengen partieweise fritieren, denn eine zu große Menge läßt die Temperatur des Fettes zu stark absinken. Dadurch saugt sich unter Umständen das Fritiergut mit Fett voll und wird nicht knusprig gar.
Lassen Sie das Fritiergut nach dem Fritieren immer gut abtropfen (Korb in oberer Position), sonst saugt – besonders im Teigmantel – Gebakkenes viel Fett auf.

• Man kann verschiedene Speisen nacheinander oder auch gleichzeitig fritieren, z. B. Fisch neben dem Gebäck. Es tritt keine Geschmacksübertragung auf.

• Durch Überhitzung entzündet sich das Fett leicht von selbst.
Ihre TEFAL Super cool Friteuse ist zwar durch den eingebauten Schiebethermostat davor gesichert; trotzdem sollten Sie das Gerät nicht ohne Aufsicht lassen.

• Die Friteuse bietet durch den hermetisch abschließenden Deckel zwar einen besonderen Schutz vor Verletzungen; dennoch empfiehlt es sich nicht, die Friteuse zu transportieren, während das Fett noch heiß ist. Beim Stolpern kann es zu schweren Verbrennungen kommen.

• Brennendes Fett durch Schließen des Deckels löschen, den Netzstekker sofort herausziehen, niemals Wasser in heißes oder brennendes Fett schütten.

• Lesen Sie die Gebrauchsanweisung des Herstellers sorgfältig durch, damit eine richtige Anwendung und Pflege der Friteuse gewährleistet ist und Sie lange viel Freude mit dem Fritiergerät haben.

• Zum Reinigen des Fritierfettes lassen Sie das Fett etwas abkühlen und gießen Sie es dann in einen Metalltopf mit Griffen. Wischen Sie Ihre TEFAL Super-Friteuse mit einem Papier-Küchentuch sauber aus. Bringen Sie den Fritierkorb in die obere Position und legen Sie den Fettfilter hinein. Jetzt das Fritierfett langsam durch den Filter zurück in die Friteuse gießen. Das Filterblatt entfernen. Bei der modernen TEFAL Super cool Friteuse wird das Fett automatisch durch ein Fettfiltersystem gereinigt.

**1.** Der Korb mit dem Fritiergut ist oben, das saubere Fett unten. Nun den Deckel geruchsdicht verriegeln.

**2.** Auf Knopfdrehung senkt sich der Korb bei geschlossenem Deckel automatisch ins heiße Fett (ohne Spritzer und Geruch). Dabei entstehen auch Fritierrückstände.

**3.** Fertig fritiert. Eine Knopfdrehung genügt, und der Korb kommt hoch – mit ihm der Filter mit allen Fritierrückständen. Das Fett ist wieder sauber.

# Tips und Hinweise zum Rezeptteil

Sie finden im nachfolgenden Rezeptteil viele Leckereien, angefangen mit pikanten Vorspeisen bis zu süßem Gebäck für Kaffee und Tee. Da man selten einen Fleischspieß, ein Schnitzel oder fritierten Fisch ohne Beilage ißt und manchem die pikante oder süße Soße fehlt oder ein erfrischender Salat, finden Sie in diesem Büchlein auch dafür entsprechende Anregungen.
Viele Fritiergerichte schmecken noch besser, wenn sie paniert, in Mehl gewälzt oder in einen salzigen oder süßen Backteig getaucht werden. Dabei ist folgendes zu beachten:

## Panaden:

Sie haben sicher schon ein Schnitzel paniert und wissen, daß man das Paniergut erst in Mehl wälzt, dann in verschlagenem Ei und dann in Semmelbröseln. Semmelbrösel gibt es schon fertig gewürzt zu kaufen. Ein Paniergeschirr ist eine große Hilfe (Sie haben nicht drei verschiedene Teller oder Schüsseln herumstehen), es ist ein Tablett mit drei Einteilungen. Bevor Sie das Fritiergut in die Friteuse geben, nicht anhaftende Panade gut abklopfen, damit abfallende Brösel das Fett nicht unnötig verschmutzen.
Wenn Sie das Fritiergut nur in Mehl wenden, auch sorgfältig darauf achten, daß das Fritiergut gut trocken ist und das Mehl haften bleibt.

## Backteig:

Durch den Backteig bleibt das Fritiergut besonders saftig. Zu beachten ist in diesem Fall, daß der Fritierkorb bei der Super cool Friteuse im heißen Fritierfett bleibt und somit das Fritiergut direkt in das heiße Fett gegeben wird. Dann weiter nach der Gebrauchsanweisung des Herstellers arbeiten.

## Grundrezept für Backteig:

150 g Mehl, knapp ¼ l Flüssigkeit, 1 Prise Salz oder Zucker. An Flüssigkeit haben Sie Milch, Bier, Wein oder Sekt zur Auswahl. Auch können Sie den Teig mit Rum, Weinbrand oder anderen Spirituosen aromatisieren. Wenn Sie einen noch feineren Teig wünschen, geben Sie noch ein Eigelb hinzu und lassen den Teig an einem warmen Ort gehen; erst dann das steif geschlagene Eiweiß unterziehen.
**Alle Gebäckstücke und mit Teig Fritiertes nach der Hälfte der Fritierzeit mit einer Gabel wenden!**

Abkürzungen
EL = Eßlöffel
TL = Teelöffel
TK = Tiefkühlkost
P. = Päckchen, Packung
Msp. = Messerspitze

# Vorspeisen und andere Leckereien

## Goldbrauner Camembert

Für 4 Personen

| |
|---|
| 4 feste Camemberthälften |
| Mehl |
| 2 Eier |
| 60 g Semmelbrösel |
| einige Salatblätter |
| 4 EL Preiselbeerkompott |

**1.** Die Camemberthälften nacheinander in Mehl, verquirltem Ei und Semmelbröseln wälzen, dann nochmals in Ei und Bröseln wenden.
**2.** Die Camemberthälften in 160°C heißem Fett etwa 2 Minuten ausbacken.
**3.** Je eine Camemberthälfte mit einem Eßlöffel Preiselbeerkompott auf einem Salatblatt anrichten.
(Farbtafel 2, siehe Seite 17)

**Garzeit:** etwa 2 Minuten
**Temperatur:** 160°C

## Gebackene Birnen

Für 4 Personen

| |
|---|
| 4 große Birnen |
| 2 EL Zitronensaft |
| 100 g Roquefortkäse |
| 2 TL Sherry |
| Mehl |
| 1 Ei |
| Semmelbrösel |

**1.** Birnen schälen, halbieren, etwas aushöhlen und mit Zitronensaft beträufeln.
**2.** Den Käse mit Sherry glattrühren und in die Birnenhälften füllen. Die Ränder mit Mehl bestäuben und die Birnen wieder zusammensetzen.
**3.** Die Birnen erst in Mehl, dann in verquirltem Ei und Semmelbröseln wenden.
**4.** Anschließend in 150°C heißem Fett etwa 4 Minuten ausbacken.

**Garzeit:** etwa 4 Minuten
**Temperatur:** 150°C

## Gefüllter Pfannkuchen

Für 4 Personen

- 3 Eier
- 100 g Mehl
- 1/4 l Milch
- Salz
- Margarine
- 4 große dünne Scheiben Tilsiter Käse
- Mehl
- 1 Eigelb
- Semmelbrösel
- 1 Kopfsalat
- Essig, Öl
- Salz, Pfeffer

**1.** Die Eier trennen. Aus dem Mehl, den Eigelben, der Milch und etwas Salz einen glatten Eierkuchenteig zubereiten.
**2.** Die Eiweiße steif schlagen und zum Schluß vorsichtig unter den Teig heben.
**3.** Etwas Fett in einer Pfanne erhitzen und nacheinander 4 Pfannkuchen backen und abkühlen lassen.
**4.** Die Käsescheiben auf die Pfannkuchen verteilen und die Pfannkuchen fest aufrollen.
**5.** Die Pfannkuchenrollen in Mehl wenden, dann im Eigelb wälzen und mit Semmelbröseln bestreuen.
**6.** Die Pfannkuchenrollen in 160°C heißem Fett etwa 2 Minuten ausbacken.
**7.** Jede Pfannkuchenrolle in 4 Stükke teilen und mit frischem Salat reichen.

**Garzeit:** etwa 2 Minuten
**Temperatur:** 160°C

## Sellerie-Apfel-Beignets

Für 4 Personen

- 125 g Mehl
- Salz
- 2 Eier
- knapp 1/8 l Bier
- 1 Knolle Sellerie
- Essigwasser
- 1 Apfel
- einige Salatblätter

**1.** Das Mehl in eine Schüssel sieben und etwas Salz dazugeben. Mit den Eiern und dem Bier zu einem glatten Teig rühren.
**2.** Den Sellerie schälen und in 1/2 cm dicke Scheiben schneiden. Diese in Essigwasser 5 bis 7 Minuten kochen.
**3.** Den Apfel schälen und in 1/2 cm dicke Scheiben schneiden.
**4.** Die Apfel- und Selleriescheiben in den Teig tauchen und in 150°C heißem Fett etwa 5 Minuten ausbacken. Nach 3 Minuten wenden.
**5.** Die Beignets auf marinierten Salatblättern anrichten.

**Garzeit:** etwa 5 Minuten
**Temperatur:** 150°C

# Ausgebackene Muscheln

Für 4 Personen

| |
|---|
| 1 Dose Muscheln (etwa 200 g) |
| Mehl |
| 1 Ei |
| ½ geriebenes Weißbrot zum Panieren |

**1.** Die Muscheln abgießen, in Mehl, verquirltem Ei und Weißbrotbröseln panieren.
**2.** Die Muscheln in 150°C heißem Fett partieweise etwa 4 Minuten goldbraun ausbacken.

**Garzeit:** etwa 4 Minuten
**Temperatur:** 150°C

# Gefüllte Frühlingsrollen

Für 4 Personen

| |
|---|
| 150 g Mehl |
| ¼ l Wasser |
| 1 Eiweiß |
| Salz |
| Öl zum Backen |
| 100 g gekochtes Schweinefleisch |
| ½ Knoblauchzehe |
| 1 Stück Sellerie |
| 1 kleine Dose Bambussprossen |
| 75 g Chinakohl oder Wirsing |
| 2 EL Sojasoße |
| Salz, Pfeffer |

**1.** Aus dem Mehl, dem Wasser und etwas Salz einen dünnen Teig zubereiten.
**2.** Das Eiweiß steif schlagen und unter den Teig heben.
**3.** Eine Pfanne mit Öl ausstreichen und nacheinander sehr dünne Pfannkuchen backen. Nicht aufeinanderschichten.
**4.** Für die Füllung das Fleisch in feine Streifen schneiden. Sellerie schälen und mit dem restlichen Gemüse fein schneiden.
**5.** Das Fleisch mit der zerdrückten Knoblauchzehe in Öl erhitzen. Das Gemüse zufügen und mit Sojasoße, Salz und Pfeffer sehr kräftig abschmecken.
**6.** Alles gut durchbraten lassen. Etwas Fleischbrühe zugeben und solange schmoren lassen, bis die Flüssigkeit verdampft ist. Die Füllung abkühlen lassen.
**7.** Auf jeden Pfannkuchen 2 Eßlöffel von der Füllung geben. Die Seiten einschlagen und aufrollen.
**8.** Die Frühlingsrollen in 180°C heißem Fett etwa 4 Minuten ausbacken.
Als Vorspeise mit grünem Salat angerichtet servieren.
(Farbtafel 3, siehe Seite 32)

**Garzeit:** etwa 4 Minuten
**Temperatur:** 180°C

Farbtafel 1
Mit den neuen modernen Friteusen werden Fettspritzer und unangenehme Fettgerüche vermieden.

super cool friteuse
TEFAL
liftomatik
min.
160°
170°
180°
190°
super cool friteuse
TEFAL
liftomatik
off
on
min.
160°
170°
180°
190°

## Krabbenkugeln

Für 4 Personen

| |
|---|
| 250 g Mehl |
| 100 g Margarine |
| 2 Eigelb |
| 2–3 EL Sahne |
| Salz |
| 1 P. TK-Krabben |
| Zitronensaft |

**1.** Aus dem Mehl, der Margarine, den Eigelben, der Sahne und etwas Salz einen Mürbeteig herstellen.
**2.** Den Teig zugedeckt im Kühlschrank 30 Minuten ruhen lassen.
**3.** In der Zwischenzeit die Krabben auftauen lassen und mit Zitronensaft beträufeln.
**4.** Aus dem Teig Rollen formen und davon etwa 2 cm lange Stücke abschneiden. In jedes Stück eine Krabbe drücken und kleine Kugeln formen.
**5.** Die Krabbenkugeln in 150°C heißem Fett etwa 4 Minuten goldgelb ausbacken.

**Garzeit:** etwa 4 Minuten
**Temperatur:** 150°C

Farbtafel 2
Goldbrauner Camembert
(Rezept Seite 14)

## Pflaumen im Speckmantel

Für 4 Personen

| |
|---|
| 12 Kurpflaumen ohne Stein |
| 12 Scheiben Frühstücksspeck |

**1.** Die Kurpflaumen mit den Speckscheiben umwickeln und mit Holzspießchen feststecken.
**2.** Die Pflaumen im Speckmantel in 150°C heißem Fett etwa 3 Minuten fritieren.

**Garzeit:** etwa 3 Minuten
**Temperatur:** 150°C

### Tip

Wählen Sie beim Einkauf ungeschwefelte Früchte.

## Käsespieße im Schlafrock

Für 4 Personen

| |
|---|
| 4 Scheiben Weißbrot |
| 2 dicke Scheiben Emmentaler Käse |
| 8 Scheiben Salami |
| 100 g Mehl |
| 1 Ei |
| etwas Milch |
| Salz |

**1.** Die Kruste vom Weißbrot abschneiden und das Brot in gleich große Quadrate schneiden.
**2.** Den Käse und die Wurst ebenfalls in Quadrate schneiden.
**3.** Auf Holzspieße abwechselnd Weißbrot-, Salami- und Käsestücke stecken.
**4.** Das Mehl in eine Schüssel geben und mit dem Ei, etwas Milch und dem Salz zu einem glatten Teig verrühren.
**4.** Die Spieße in den Teig tauchen und in 160°C heißem Fett etwa 3 Minuten ausbacken und anschließend sofort servieren.

**Garzeit:** etwa 3 Minuten
**Temperatur:** 160°C

## Pikante Krapfen

Für 4 Personen

| |
|---|
| 50 g roher oder gekochter Schinken |
| 1/4 l Wasser |
| 1 Prise Salz |
| 50 g Margarine |
| 125 g Mehl |
| 3 Eier |
| 1 TL Backpulver |
| 2 EL geriebener Käse |

**1.** Den Schinken in sehr feine Würfel schneiden.
**2.** Das Wasser mit dem Salz und dem Fett zum Kochen bringen.
**3.** Das Mehl auf einmal dazugeben und schnell glatt rühren.
**4.** Den Teig etwas abkühlen lassen und nacheinander die Eier unterrühren.
**5.** Zum Schluß das Backpulver, den geriebenen Käse und den fein geschnittenen Schinken dazugeben und verrühren.
**6.** Den Teig in einen Spritzbeutel mit großer glatter Tülle füllen. Häufchen auf eine Schaumkelle spritzen und in das 190°C heiße Fett geben.
**7.** Die pikanten Krapfen in etwa 4 Minuten goldgelb ausbacken.

**Garzeit:** etwa 4 Minuten
**Temperatur:** 190°C

### Tip

Zu Wein und Bier schmecken die pikanten Krapfen besonders gut.

## Zwiebelklößchen

Für 4 Personen

| |
|---|
| 100 g Zwiebeln |
| 50 g Margarine |
| 50 g Haferflocken |
| 1 Ei |
| Salz |
| Muskat |
| Petersilie |

**1.** Die Zwiebeln schälen und fein würfeln.
**2.** Die Margarine in einer Pfanne erhitzen und die Zwiebeln darin andünsten. Dann die Haferflocken hinzugeben und mitschwitzen.
**3.** Das Ei mit Salz, Muskat und der fein gehackten Petersilie verquirlen und den Zwiebelbrei hinzufügen. Alles gut verrühren.
**4.** Mit zwei in heißes Fett getauchten Teelöffeln kleine Klößchen formen und nach und nach in 160°C heißem Fett etwa 2 Minuten ausbacken.

**Garzeit:** etwa 2 Minuten
**Temperatur:** 160°C

TIP

Die Zwiebelklößchen sind als pikante Suppeneinlage geeignet.

## Käseklöße

Für 4 Personen

| |
|---|
| 1/4 l Milch |
| 50 g Fett |
| Salz |
| 50 g Stärkemehl |
| 50 g Mehl |
| 2 Eier |
| 100 g geriebener Schweizer Käse |

**1.** Die Milch mit dem Fett und etwas Salz erhitzen.
**2.** Das mit dem Stärkemehl gemischte Mehl auf einmal dazuschütten und alles zu einem Kloß abrühren.
**3.** Ei Ei sofort, das zweite Ei und den geriebenen Käse unter die etwas abgekühlte Masse rühren.
**4.** Mit einem in das heiße Fett getauchten Teelöffel kleine Klößchen abstechen und in 170°C heißem Fett schwimmend etwa 3 Minuten ausbacken. Warm stellen, bis alle Klößchen fertig sind.
(Farbtafel 3, siehe Seite 32)

**Garzeit:** etwa 3 Minuten
**Temperatur:** 170°C

TIP

Die Käseklößchen schmecken als Suppeneinlage in einer klaren Brühe auch sehr gut.

# Geflügel

## Wiener Backhähnchen

Für 4 Personen

| |
|---|
| 2 Hähnchen |
| Salz |
| Pfeffer |
| Mehl |
| 1–2 Eier |
| Semmelbrösel |
| ½ TL Paprika |
| 1 Zitrone |
| Petersilie |
| 1 Tomate |

**1.** Die Hähnchen zerlegen und die Knochen möglichst auslösen.
**2.** Das Fleisch mit Salz und Pfeffer würzen und einige Minuten ziehen lassen.
**3.** Die Semmelbrösel mit Paprika mischen. Die Hähnchenteile in Mehl wenden, in verquirltes Ei tauchen, mit Semmelbröseln panieren und in 190° C heißem Fett etwa 15 Minuten fritieren.
**4.** Die Hähnchenteile gut abtropfen lassen, mit Zitronensaft beträufeln und mit Petersilie und Tomatenachteln garnieren.
(Farbtafel 4, siehe Seite 33)

**Garzeit:** etwa 15 Minuten
**Temperatur:** 190° C

## Hühnerkrusteln

Für 4 Personen

| |
|---|
| 1 TL Stärkemehl |
| ¼ l Wasser |
| 1 P. Helle Soße |
| 200 g gekochtes Geflügelfleisch |
| 2 Eier |
| Curry |
| Zitronensaft |
| Semmelbrösel |
| einige Salatblätter |

**1.** Das Stärkemehl mit Wasser anrühren und die Helle Soße nach Anweisung darin zubereiten, 2 Minuten kochen lassen.
**2.** Das Geflügelfleisch in kleine Würfel schneiden und in die Soße geben.
**3.** Die Eier unterrühren, das Ganze mit Curry und Zitronensaft abschmecken und erkalten lassen.
**4.** Aus der Masse kleine Bällchen formen, in Semmelbröseln wälzen und in 190° C heißem Fett goldbraun fritieren. Die Krusteln auf marinierten Salatblättern servieren.

**Garzeit:** 2 bis 3 Minuten
**Temperatur:** 190° C

## Putenschnitzel

Für 2 Personen

- 1 Putenkeule
- Salzwasser
- 1 Bund Suppengrün
- 1 Zwiebel
- Kornschnaps
- Mehl
- 1 Ei
- Salz
- Paprika
- Semmelbrösel

**1.** Das Suppengrün waschen und putzen. Die Zwiebel schälen.
**2.** Die Putenkeulen in Salzwasser zusammen mit dem geputzten Suppengrün und der Zwiebel etwa 50 Minuten garen.
**3.** Danach die Putenkeule in gefällige Schnitzel teilen und mit Korn aromatisieren.
**4.** Das Ei mit etwas Salz verquirlen, die Semmelbrösel mit Paprika mischen.
**5.** Die Schnitzel in Mehl, Ei und Semmelbröseln wenden. Im 190°C heißen Fett etwa 3 bis 4 Minuten fritieren. Mit Pommes frites und Blumenkohlgemüse servieren.

**Garzeit:** 3 bis 4 Minuten
**Temperatur:** 190°C

## Fritierte Täubchen

Für 2 Personen

- 2 Tauben
- Salz
- Pfeffer
- Mehl
- 1 Ei
- Semmelbrösel

**1.** Die Tauben auf der Rückenseite bis zu den Flügeln aufschneiden. Auseinanderbrechen und flachdrücken.
**2.** Würzen, dann nacheinander sorgfältig in Mehl, Ei und Semmelbröseln wälzen.
**3.** Die Täubchen in 190°C heißem Fett etwa 10 Minuten fritieren. Es lassen sich höchstens 2 Täubchen auf einmal zubereiten.
Die Fritierzeit ist von der Größe der Tiere abhängig.
Die Täubchen mit frischem Salat und einer pikanten Soße reichen.

**Garzeit:** etwa 10 Minuten
**Temperatur:** 190°C

# Fleisch und leckere Spieße

## Bratwürstchen am Spieß

Für 4 Personen

| |
|---|
| 250 g Bratwurst |
| Semmelbrösel |
| Mixed Pickles |
| Oliven |

**1.** Aus der Bratwurstmasse walnußgroße Kugeln formen.
**2.** Die Fleischbällchen in Semmelbröseln wälzen und in 160° C heißem Fett etwa 3 Minuten ausbacken.
**3.** Jeweils ein Bällchen und ein Stück Mixed Pickles oder eine Olive auf ein Spießchen stecken.

**Garzeit:** etwa 3 Minuten
**Temperatur:** 160° C

## Schaschlik mit Champignons

Für 4 Personen

| |
|---|
| 375 g Schweineschnitzel |
| 2 mittelgroße Zwiebeln |
| 2 Tomaten |
| 1 Gewürzgurke |
| 1 gekochte Möhre |
| ½ Apfel |
| 8 Champignons |
| Salz |
| Paprika |

**1.** Das Fleisch in mundgerechte Würfel schneiden.
**2.** Die Zwiebeln schälen und in Viertel schneiden. Die Tomaten waschen und ebenfalls vierteln.
**3.** Die Gurke und die Möhre in dicke Scheiben, den Apfel in Stücke schneiden.
**4.** Die Champignons putzen und waschen.
**5.** Alle Zutaten in bunter Folge auf Spieße reihen und in 190° C heißem Fett etwa 3 Minuten ausbacken. Dann die Spieße mit Salz und Paprika bestreuen und servieren.

**Garzeit:** etwa 3 Minuten
**Temperatur:** 190° C

## Leberspieße

Für 4 Personen

- 500 g Kalbsleber
- 2 rote Äpfel
- 3 EL Perlzwiebeln
- 8 feine Scheiben durchwachsener Speck
- Salz

**1.** Die Leber in recht grobe Würfel schneiden.
**2.** Die ungeschälten Äpfel in 8 Stükke schneiden.
**3.** Die Speckscheiben aufrollen. Leber, Apfel und Speckröllchen abwechselnd auf Spieße stecken.
**4.** Die Leberspieße in 180°C heißem Fett etwa 4 Minuten fritieren.
Die Spieße mit einer pikanten Soße anrichten und französisches Weißbrot dazu reichen.

**Garzeit:** etwa 4 Minuten
**Temperatur:** 180°C

## Sputnik

Für 4 Personen

- 2 Zwiebeln
- 1 Knoblauchzehe
- 500 g gemischtes Hackfleisch
- 2 Spritzer Tabasco
- 1 Ei
- Salz
- Pfeffer
- Paprika
- Ketchup
- Cornichons
- Maiskölbchen

**1.** Die Zwiebeln und die Knoblauchzehe schälen und fein hacken.
**2.** Das Hackfleisch mit den Zwiebeln und der Knoblauchzehe sowie den Gewürzen und dem Ei gut vermischen.
**3.** Aus der Fleischmasse kleine Bällchen formen und die Fleischbällchen in 160°C heißem Fett etwa 6 Minuten fritieren.
**4.** Die Fleischbällchen mit Cornichons und Maiskölbchen aufspießen und auf eine Pampelmuse aufstecken.

**Garzeit:** etwa 6 Minuten
**Temperatur:** 160°C

## Hunnenspieße

Für 4 Personen

| |
|---|
| 350 g Schweinefleisch |
| je 1 grüne und rote Paprikaschote |
| 50 g durchwachsener Speck |
| 2 Zwiebeln |
| Paprika |
| Pfeffer |

**1.** Das Fleisch in etwa 2 cm große, gleichmäßige Würfel schneiden.
**2.** Die Paprikaschoten waschen, entkernen, in gleich große Stücke schneiden.
**3.** Den Speck in kleine Scheiben schneiden. Die Zwiebeln schälen und in Viertel schneiden.
**4.** Alle Zutaten abwechselnd auf Schaschlikspieße stecken.
**5.** Die Spieße mit den Gewürzen überstäuben und in 190°C heißem Fett etwa 8 Minuten ausbacken.
Dazu Kartoffelpüree und Balkangemüse reichen.

**Garzeit:** etwa 8 Minuten
**Temperatur:** 190°C

## Bunte Bockwurstspieße

Für 4 Personen

| |
|---|
| 4 Bockwürste |
| 2 Gewürzgurken |
| 2 Bananen |
| etwas Zitronensaft |
| 4–8 Scheiben durchwachsener Speck |
| Toastbrot oder Baguette |

**1.** Die Würstchen und die Gurken in 1 cm dicke Scheiben schneiden.
**2.** Die Bananen schälen, anschließend mit Zitronensaft beträufeln und ebenfalls in etwa 1 cm dicke Scheiben schneiden.
**3.** Wurst-, Gurken- und Bananenscheiben abwechselnd mit dem Speck auf Spieße stecken.
**4.** Die Spieße in 190°C heißem Fett etwa 3 Minuten fritieren. Mit Paprika bestäuben und zu Toast oder Baguette servieren.

**Garzeit:** etwa 3 Minuten
**Temperatur:** 190°C

## Spieße in Curry-Bananen-Soße

Für 4 Personen

**Spieße:**

| |
|---|
| 300 g Nieren |
| 350 g Hammellende |
| 2 Zwiebeln |
| 2 Paprikaschoten |
| 150 g durchwachsener Speck |

**Soße:**

| |
|---|
| Currysoße (Seite 68), doppelte Menge |
| 1 Banane |
| Mandelblättchen |

**1.** Die Nieren 1 Stunde wässern, von Sehnen und Häuten befreien und mit der Hammellende in Würfel schneiden.
**2.** Die Zwiebeln schälen und in Stücke schneiden. Den Speck in Scheiben schneiden. Die Paprikaschoten waschen, entkernen und in Stücke schneiden.
**3.** Alle Zutaten in bunter Folge auf Schaschlikspieße stecken.
**4.** Die Spieße in 180°C heißem Fett etwa 4 Minuten fritieren.
**5.** Die Currysoße nach Anweisung des Rezepts zubereiten.
**6.** Die Banane schälen, in dünne Scheiben schneiden und in die Soße geben. Die Spieße mit der Soße anrichten und mit Mandelblättchen bestreuen.
Dazu Kartoffelbrei und Feldsalat reichen.

**Garzeit:** etwa 4 Minuten
**Temperatur:** 180°C

## Würstchenspieße

Für 4 Personen

| |
|---|
| 1 Paar grobe Bratwürste |
| Salzwasser |
| 1 Paar Wiener Würstchen |
| 1 Paar Debreziner Würstchen |
| 80 g durchwachsener Speck |
| Paprika |
| 3 Tomaten |

**1.** Die Bratwürste in kochendes Wasser geben und 8 Minuten ziehen lassen.
**2.** Alle Würstchen in vier Teile schneiden.
**3.** Den Speck in ½ cm dicke Scheiben schneiden und in Paprika wenden.
**4.** Die Tomaten waschen und in Viertel schneiden.
**5.** Auf Spieße abwechselnd Würstchen, Speck und Tomaten spießen.
**6.** Die Würstchenspieße in 180°C heißem Fett etwa 3 Minuten ausbacken.
Dazu schmeckt eine pikante Soße.

**Garzeit:** etwa 3 Minuten
**Temperatur:** 180°C

## Mailänder Schnitzel

Für 4 Personen

- 4 Schweineschnitzel
- Salz
- Pfeffer
- Paprika
- 2 Eier
- 6 EL Parmesankäse
- 2 EL Mehl
- etwas Milch
- Muskat

**1.** Die Schweineschnitzel mit Salz, Pfeffer und Paprika würzen.
**2.** Aus den Eiern, Käse, Mehl, Milch und Salz, Pfeffer und Muskat einen Eier-Käse-Teig zubereiten.
**3.** Die Schnitzel darin wenden und in 190°C heißem Fett etwa 6 Minuten ausbacken.
Dazu eine Tomatensoße servieren.

**Garzeit:** etwa 6 Minuten
**Temperatur:** 190°C

## Budapester Paprikaspieße

Für 4 Personen

- 250 g Schweinefilet
- 250 g Schweineleber
- 100 g durchwachsener, geräucherter Speck
- 2 Zwiebeln
- Champignons
- Pfeffer
- Salz
- Paprika
- 1 rote Paprikaschote
- Essig
- Öl

**1.** Das Fleisch und den Speck in Würfel schneiden.
**2.** Die Zwiebeln schälen und vierteln. Die Champignons putzen und waschen.
**3.** Die Paprikaschote waschen, entkernen und in Stücke schneiden. Mit Essig, Öl, etwas Salz und Pfeffer 5 bis 10 Minuten marinieren lassen.
**4.** Alle Zutaten in bunter Folge auf Spieße reihen. Die Spieße etwa 2–3 Minuten in 180°C heißem Fett ausbacken. Anschließend mit Pfeffer, Salz und Paprika bestäuben.
(Farbtafel 4, siehe Seite 33)

**Garzeit:** 2 bis 3 Minuten
**Temperatur:** 180°C

## Würzige Frikadellen

Für 4 Personen

- 500 g gemischtes Hackfleisch
- 2 Brötchen
- 4 Sardellen
- 1 EL Kapern
- 1–2 Eigelb
- 1 Prise Cayennepfeffer
- Mehl
- 1 Eiweiß
- Semmelbrösel

**1.** Die Brötchen in Wasser einweichen und anschließend fest ausdrücken.
**2.** Die Sardellen und die Kapern fein hacken und mit dem Hackfleisch, den Brötchen, den Eigelben und dem Cayennepfeffer zu einem geschmeidigen Teig verarbeiten.
**3.** Aus dem Teig mit nassen Händen kleine Frikadellen formen und diese in Mehl, Eiweiß und Semmelbröseln wenden.
**4.** Die Frikadellen in 160° C heißem Fett 3 bis 4 Minuten ausbacken.
Mit Salzkartoffeln und einem frischen Salat ein Mittagessen, mit Orangenschaumsoße und Toast ein Abendbrot.

**Garzeit:** 3 bis 4 Minuten
**Temperatur:** 160° C

## Ausgebackene Frikadellen

Für 4 Personen

- 375 g gemischtes Hackfleisch
- 250 g Sellerieknolle
- 1 Ei
- 2 EL Semmelbrösel
- Salz
- Pfeffer
- Thymian
- 1 Tomate
- Petersilie

**1.** Den Sellerie schälen und grob raspeln.
**2.** Das Hackfleisch mit dem Ei, den Gewürzen und mit dem Sellerie mischen.
**3.** Die Masse mit den Semmelbröseln binden und sehr flache Frikadellen aus dem Fleischteig formen.
**4.** Die Frikadellen in 160° C heißem Fett 3 bis 4 Minuten ausbacken. Mit Tomatenachteln und Petersilie garniert servieren.

**Garzeit:** 3 bis 4 Minuten
**Temperatur:** 160° C

## Ei im Hackfleischnest

Für 4 Personen

- 1 Brötchen
- 300 g gemischtes Hackfleisch
- 1 Ei
- 2 hart gekochte Eier
- Salz
- Pfeffer

**1.** Das Brötchen in Wasser einweichen und anschließend gut ausdrücken.
**2.** Das Hackfleisch mit dem Brötchen, dem Ei und den Gewürzen zu einem pikanten Teig verarbeiten.
**3.** Die Eier schälen und den Fleischteig um je ein Ei hüllen.
**4.** Die Eier im Fleischteig in 160° C heißem Fett etwa 4 Minuten ausbacken.
**5.** Nach dem Ausbacken die Eier im Hackfleischnest aufschneiden und servieren.

**Garzeit**: etwa 4 Minuten
**Temperatur**: 160° C

## Fleischklößchen mit Erbsen

Für 4 Personen

- 1 Zwiebel
- 500 g Rinderhackfleisch
- 50 g TK-Erbsen
- 1 Knoblauchzehe
- 1/2 Tasse Wasser
- 1/2 TL gemahlener Ingwer
- 1 TL zerstoßener Koriander
- 1 TL zerstoßener Kümmel
- 1 EL Chili-Soße
- Salz
- Semmelbrösel

**1.** Die Zwiebel schälen und fein hacken.
**2.** Das Hackfleisch mit den Erbsen, der Zwiebel, der zerdrückten Knoblauchzehe, dem Wasser und den Gewürzen zu einem pikanten Fleischteig verarbeiten.
**3.** Die Masse nach Bedarf mit Semmelbröseln binden.
**4.** Aus dem Fleischteig kleine Klößchen formen und die Fleischbällchen in 160° C heißem Fett etwa 4 Minuten ausbacken.

**Garzeit**: etwa 4 Minuten
**Temperatur**: 160° C

## Hackfleischbällchen

Für 4 Personen

- 1 Zwiebel
- 6–8 spanische Oliven
- 200 g Hackfleisch
- 1 Ei
- Salz
- Pfeffer
- 2 EL Semmelbrösel

**1.** Die Zwiebel schälen und schneiden. Die Oliven fein hacken.
**2.** Das Hackfleisch mit dem Ei, der Zwiebel, den Oliven, Salz, Pfeffer und den Semmelbröseln mischen und das Ganze zu einem pikanten Fleischteig verarbeiten.
**3.** Aus dem Teig walnußgroße Kugeln formen.
**4.** Die kleinen Fleischbällchen in 160°C heißem Fett etwa 4 Minuten ausbacken.

**Garzeit:** etwa 4 Minuten
**Temperatur:** 160°C

## Überraschungssteaks

Für 4 Personen

- 500 g gemischtes Hackfleisch
- 1 Brötchen
- 1 Ei
- 1 Knoblauchzehe
- 1 TL Senf
- Salz
- Pfeffer
- Majoran
- 4 kleine Scheiben Ananas
- 100 g geriebener Käse
- 1 EL Semmelbrösel

**1.** Das Brötchen in Wasser einweichen und anschließend gut ausdrücken.
**2.** Aus dem Hackfleisch, dem Brötchen, dem Ei und den Gewürzen einen sehr pikanten Hackfleischteig zubereiten.
**3.** Die Masse in 4 Portionen teilen und in jede Portion eine Ananasscheibe hüllen.
**4.** Käse und Semmelbrösel vermischen und die gefüllten Hacksteaks darin wenden.
**5.** Die Hacksteaks in 160°C heißem Fett 5 bis 6 Minuten ausbacken.
Dazu einen frischen Salat und französisches Weißbrot servieren.

**Garzeit:** 5 bis 6 Minuten
**Temperatur:** 160°C

## Hackfleischsalat »Mandarin«

Für 4 Personen

| |
|---|
| 375 g gemischtes Hackfleisch |
| 1 Brötchen |
| 1 Ei |
| 2 EL Tomatenketchup |
| Salz |
| Pfeffer |
| Paprika |
| 150 g Champignons |
| 1 Dose Mandarinen |
| 1 Dose Ananasstücke |
| 100 g Mayonnaise |
| 1 TL Senf |
| Salz |
| Pfeffer |
| 2 EL Mandarinensaft |

**1.** Das Brötchen in Wasser einweichen und anschließend gut ausdrücken.
**2.** Das Hackfleisch mit dem Brötchen, dem Ei, dem Tomatenketchup und den Gewürzen gut mischen und zu einem pikanten Fleischteig verarbeiten.
**3.** Aus dem Teig kleine Kugeln formen und diese in 160° C heißem Fett 3 bis 4 Minuten ausbacken.
**4.** Die Fleischbällchen auf Küchenpapier abtropfen und gut abkühlen lassen.
**5.** Die Champignons putzen, waschen und je nach Größe in Scheiben schneiden.
**6.** Die Früchte abtropfen lassen und mit den Champignons und den Hackfleischbällchen in einer Schüssel mischen.
**7.** Aus Mayonnaise, Senf, Salz, Pfeffer und dem Mandarinensaft eine Salatsoße rühren.
**8.** Die Soße über die Salatzutaten geben und den Salat gut mischen. Durchziehen lassen und dann servieren.

**Garzeit:** 3 bis 4 Minuten
**Temperatur:** 160° C

## Mandelschnitzel

Für 4 Personen

| |
|---|
| 4 Schweineschnitzel |
| Salz |
| Pfeffer |
| Mehl |
| 1 Ei |
| 80 g Mandelblättchen |

**1.** Die Schnitzel salzen und pfeffern.
**2.** Dann nacheinander in Mehl und Ei sowie Mandelblättchen wenden. Die Panade fest andrücken.
**3.** Die Mandelschnitzel in 190° C heißem Fett etwa 7 Minuten ausbacken.

**Garzeit:** etwa 7 Minuten
**Temperatur:** 190° C

## Falsches Cordon bleu

Für 4 Personen

| |
|---|
| 8 dünne Scheiben Schweinebauch |
| Salz |
| Pfeffer |
| Paprika |
| 2 Scheiben Emmentaler Käse |
| 2 Scheiben Schinkenspeck |
| Mehl |
| 1 Ei |
| Semmelbrösel |

**1.** Von den Fleischscheiben die Schwarte entfernen, das Fleisch leicht klopfen und mit den Gewürzen bestreuen.
**2.** Die Käse- und die Schinkenspeckscheiben jeweils halbieren. Zwischen 2 dünne Fleischscheiben je ½ Scheibe Käse und Schinkenspeck legen und festdrücken. Evtl. mit Holzspießchen feststecken.
**3.** Die Fleischscheiben nacheinander in Mehl, Ei und Semmelbröseln wenden und in 190°C heißem Fett etwa 4 Minuten fritieren.

**Garzeit:** etwa 4 Minuten
**Temperatur:** 190°C

## Fritierte Leber

Für 4 Personen

| |
|---|
| 600 g Leber |
| Salz |
| Paprika |
| 2 EL Öl |
| 150 g Mehl |
| 1 ½ Tassen Bier |
| 1 EL Öl |
| 1 Prise Salz |
| 2 Eiweiß |

**1.** Die Leber häuten, würzen, mit Öl bestreichen und ziehen lassen.
**2.** Für den Teig das Mehl mit dem Bier, dem Öl und etwas Salz verrühren und den Teig etwa 1 Stunde ruhen lassen.
**3.** Dann die Eiweiße steif schlagen und unter den Teig heben.
**4.** Die Leber gut abtropfen lassen und durch den Bierteig ziehen.
**5.** Die Leber in 170°C heißem Fett schwimmend etwa 3 Minuten ausbacken.
Dazu schmecken Kartoffelbrei und fritierte Zwiebelringe, die man auch durch den Bierteig ziehen und im gleichen Fettbad fritieren kann.

**Garzeit:** etwa 3 Minuten
**Temperatur:** 170°C

## Schwalbennester

Für 4 Personen

- 4 Kalbsschnitzel
- Salz
- Paprika
- 4 Scheiben gekochter Schinken
- 4 hart gekochte Eier

**1.** Die Schnitzel flach klopfen und mit Salz und Paprika einreiben.
**2.** Auf jedes Schnitzel eine Scheibe Schinken legen. Die überstehenden Ränder abschneiden.
**3.** Die Eier schälen und in die Mitte der Schnitzel legen.
**4.** Die Kalbsschnitzel fest aufrollen und mit Baumwollgarn zusammenbinden.
**5.** Die Schwalbennester in 180°C heißem Fett 4 bis 5 Minuten ausbacken.
Einen frischen Salat, eine pikante Soße und Salzkartoffeln dazu servieren.

**Garzeit:** 4 bis 5 Minuten
**Temperatur:** 180°C

## Fritiertes Kalbshirn

Für 4 Personen

- 4 Portionen Kalbshirn
- Essig-Öl-Marinade
- Petersilie
- Mehl
- 1–2 Eier
- Semmelbrösel

**1.** Das Hirn so lange wässern, bis das Blut ausgezogen ist. Das Wasser öfter wechseln.
**2.** Dann in lauwarmem Wasser die Haut abziehen und das Kalbshirn gut abgetropft in einer klassischen Essig-Öl-Marinade mit klein gehackter Petersilie 30 Minuten ziehen lassen.
**3.** Das Kalbshirn auf Küchenkrepppapier abtropfen lassen.
**4.** Portionsweise nacheinander in Mehl, Eiern und Semmelbröseln sorgfältig wenden.
**5.** Das panierte Kalbshirn portionsweise in 170°C heißem Fett 3 bis 4 Minuten ausbacken.

**Garzeit:** 3 bis 4 Minuten
**Temperatur:** 170°C

Farbtafel 3
Gefüllte Frühlingsrollen
und Käseklöße
(Rezepte Seite 16 und 19)

# Fisch

## Fritierter Aal

Für 4 Personen

| |
|---|
| 1 großer Aal |
| 2 Tassen Wasser |
| 1 Zwiebel |
| 1 Bund Kräuter |
| Salz |
| Milch |
| Mehl |

**1.** Den Aal vom Fischhändler vorbereiten lassen. Den Fisch in 5 bis 6 cm lange Stücke schneiden.
**2.** Das Wasser zum Kochen bringen. Die Zwiebel schälen, in Ringe schneiden und ins Wasser geben. Die geputzten Kräuter und etwas Salz hinzufügen.
**3.** Den Fisch in den Sud geben und etwa 8 Minuten vorgaren. Herausnehmen, abtropfen lassen und trokkentupfen.
**4.** Die Aalstücke erst in Milch und dann in Mehl wenden. In 170°C heißem Fett etwa 4 Minuten ausbacken. Dazu eine grüne Soße servieren.

**Garzeit:** etwa 4 Minuten
**Temperatur:** 170°C

Farbtafel 4
Wiener Backhähnchen und Budapester Paprikaspieße
(Rezepte Seite 20 und 26)

## Fischfrikadellen

Für 4 Personen

| |
|---|
| 600 g Fischreste ohne Gräten (roh) |
| Salz |
| 1 TL Paprika |
| 1 Zitrone |
| 2 TL Kapern |
| 2 TL Sardellenpaste |
| 1 Brötchen |
| 1 Eiweiß |
| 2 Gewürzgurken |
| Mehl |

**1.** Das Brötchen in Wasser einweichen und anschließend gut ausdrücken.
**2.** Den Fisch fein hacken, mit Salz, Paprika, Zitronensaft, den gehackten Kapern, der Sardellenpaste, dem Brötchen und dem Eiweiß zu einem glatten Teig verarbeiten.
**3.** Die Gewürzgurken in Stücke schneiden.
**4.** Aus dem Fischteig nicht zu große Klöße formen. Jeweils in die Mitte ein Stück Gewürzgurke drücken.
**5.** Die Fischfrikadellen in Mehl wenden und in 160°C heißem Fett 3 bis 4 Minuten ausbacken.
Mit Zitronenspalten und einem frischen Salat servieren.

**Garzeit:** 3 bis 4 Minuten
**Temperatur:** 160°C

## Fritiertes Fischfilet mit Bananen

Für 4 Personen

750 g Fischfilet
Zitronensaft
Salz
Mehl
4 Bananen
1/4 l Wasser
Currysoße (Seite 68)

**1.** Die Filets mit Zitronensaft beträufeln, salzen und sorgfältig in Mehl wenden. Das nicht haftende Mehl abklopfen.
**2.** Die Filets in 160°C heißem Fett etwa 4 Minuten ausbacken.
**3.** Den Fisch herausnehmen und warm stellen.
**4.** Die Bananen schälen, bei gleicher Temperatur etwa 2 Minuten fritieren und auf den Filets anrichten.
**5.** Die Soße nach Anweisung zubereiten und über die angerichteten Fischfilets gießen.
**5.** Ein frischer Salat und Reis schmecken gut dazu.

**Garzeit:** etwa 4 Minuten
**Temperatur:** 160°C

## Fischkoteletts im Kräutermantel

Für 4 Personen

4 flache Fischkoteletts
Essig
Worcestersoße
Salz
je 1 Bund Dill und Schnittlauch
60 g Mehl
Mehl
2 Eier

**1.** Die Fischkoteletts säubern, mit Essig, Worcestersoße und Salz würzen und mit den fein gehackten Kräutern bestreuen.
**2.** Zudecken und gut durchziehen lassen.
**3.** Inzwischen aus dem Mehl, den Eiern und etwas Salz einen glatten Teig rühren.
**4.** Die Fischkoteletts zuerst in Mehl wenden und dann durch den Teig ziehen.
**5.** Die Fischkoteletts in 160°C heißem Fett etwa 8 Minuten ausbacken.

**Garzeit:** etwa 8 Minuten
**Temperatur:** 160°C

# Gebackener Thunfisch

Für 4 Personen

- 800 g frischer Thunfisch
- Saft von 2 Zitronen
- 1 Ei
- 2 EL Milch
- 1 Prise Pfeffer
- ½ TL Salz
- Mehl
- 1 Zitrone
- Petersilie

**1.** Den Fisch säubern, in etwa 1 cm dicke Scheiben schneiden, mit dem Zitronensaft beträufeln und etwas stehenlassen.
**2.** Das Ei mit der Milch verquirlen. Salz und Pfeffer hinzufügen.
**3.** Die Fischscheiben in die Ei-Milch-Mischung tauchen und anschließend in Mehl wenden.
**4.** Den Thunfisch in 180°C heißem Fett etwa 5 Minuten ausbacken. Mit Zitronenscheiben und Petersilie anrichten.
Grünen Salat und Salzkartoffeln dazu reichen.

**Garzeit:** etwa 5 Minuten
**Temperatur:** 180°C

# Frutti di mare

Für 4 Personen

- 250 g TK-Tintenfisch
- 250 g Muscheln
- 125 g Shrimps oder Krabben
- Essig
- Salz
- Mehl
- einige Salatblätter

**1.** Den Tintenfisch auftauen, waschen und in Ringe schneiden.
**2.** Alle Meeresfrüchte säubern, säuern, salzen und anschließend mit Mehl bestäuben.
**3.** Im 170°C heißen Fett 6 bis 7 Minuten ausbacken.
**4.** Die gebackenen Meeresfrüchte auf Salatblättern anrichten und dazu eine pikante Soße servieren.
(Farbtafel 5, siehe Seite 48)

**Garzeit:** 6 bis 7 Minuten
**Temperatur:** 170°C

# Seezunge mit Trauben

Für 4 Personen

- 4 Seezungenfilets
- Zitronensaft
- Salz
- Mehl
- 375 g Weintrauben
- 40 g Schinkenspeck
- 20 g Margarine
- 3 EL Cognac

**1.** Die abgezogenen Filets waschen, säubern, salzen und anschließend in Mehl wenden.
**2.** Von den Weintrauben die Schale abziehen.
**3.** Den Speck in Würfel schneiden.
**4.** Die Seezungen in 170° C heißem Fett 4 bis 5 Minuten fritieren und warm stellen.
**5.** Den gewürfelten Speck in Margarine andünsten, die Weintrauben kurz darin anbraten, mit Cognac ablöschen und zugedeckt etwa 5 Minuten kochen lassen.
**6.** Die Seezungen mit der Traubensoße anrichten.

**Garzeit:** 4 bis 5 Minuten
**Temperatur:** 170° C

# Forelle im Teigmantel

Für 4 Personen

- 4 küchenfertige Forellen
- 1 Zitrone
- frische gemischte Kräuter
- Salz
- Pfeffer
- ¾ Tasse Bier
- ¾ Tasse Wasser
- 1 EL Öl
- 1 Prise Salz
- 150 g Mehl
- 2 Eiweiß

**1.** Die Forellen mit Zitrone beträufeln, mit Kräutern einreiben, salzen, pfeffern und ruhen lassen.
**2.** Für den Teig Bier, Wasser und Öl zusammengießen und mit etwas Salz auf einmal unter das Mehl ziehen.
**3.** Den Teig an einem warmen Ort gehen lassen.
**4.** Die Eiweiße steif schlagen und unter den Teig heben.
**5.** Die Forellen in den Teig tauchen und in 170° C heißem Fett etwa 4 Minuten ausbacken.
Mit Kartoffelsalat und einer pikanten Soße reichen.
(Farbtafel 5, siehe Seite 48)

**Garzeit:** etwa 4 Minuten
**Temperatur:** 170° C

## Fritierte Sardellen

Für 1 Person

- 4–6 Sardellen
- 2 gekochte Eigelb
- Mehl
- Salz
- Petersilie
- Zitronenscheiben

**1.** Die Sardellen waschen, größere putzen, die Kleineren läßt man ganz.
**2.** Die Eigelbe mit einer Gabel zerdrücken und mit Mehl und etwas Salz vermischen.
**3.** Die Sardellen trockentupfen, in der Eigelbmischung wenden und in 170°C heißem Fett 2 bis 3 Minuten ausbacken.
**4.** Auf gehackter Petersilie mit Zitronenscheiben anrichten. Eine pikante Soße dazu reichen.

**Garzeit:** 2 bis 3 Minuten
**Temperatur:** 170°C

## Fischfilet im Bierteig

Für 4 Personen

- 750 g Seelachsfilet
- Saft von ½ Zitrone
- Salz
- Pfeffer
- 1 TL Senf
- ¼ l Bier
- 8 EL Mehl
- 2 EL Öl
- 1 TL Zucker
- 1 Becher Joghurt
- 2 EL Mayonnaise
- ½ Bund Petersilie
- 2 Essiggurken
- 1 hart gekochtes Ei

**1.** Die Fischfilets waschen, mit Zitronensaft säuern und anschließend würzen.
**2.** Das Bier in eine Schüssel geben. Das Mehl, das Öl und den Zucker hinzufügen und alles gut verrühren.
**3.** Die Fischstücke durch den Teig ziehen und in 170°C heißem Fett 4 bis 5 Minuten fritieren.
**4.** Die Petersilie fein hacken. Die Essiggurken fein würfeln. Das Ei schälen und fein hacken.
**5.** Joghurt und Mayonnaise glattrühren und die vorbereiteten Zutaten unterheben.
**6.** Den Fisch mit der Soße anrichten. Ein Kartoffelsalat schmeckt gut dazu.

**Garzeit:** 4 bis 5 Minuten
**Temperatur:** 170°C

## Fritierte Fischhappen

Für 4 Personen

| |
|---|
| 500 g Makrelen |
| 300 g Mehl |
| ½ l Milch |
| 2 Eier |
| Salz |
| Paprika |
| Muskat |

**1.** Die vorbereiteten Fische in mundgerechte Stücke schneiden und in wenig Mehl wenden.
**2.** Aus Mehl, Milch, Eiern und Gewürzen einen glatten Teig rühren.
**3.** Die Fischstücke durch den Teig ziehen und in 170°C heißem Fett 2 bis 3 Minuten goldgelb fritieren.

**Garzeit:** 2 bis 3 Minuten
**Temperatur:** 170°C

## Zitronenzander

Für 4 Personen

| |
|---|
| 4 Zanderfliets à 200 g |
| Saft von 1 Zitrone |
| Salz |
| Pfeffer |
| 1 Tasse Mehl |
| 1 Ei |
| 1 Tasse Semmelbrösel |
| 1 EL geriebene Schale |
| einer unbehandelten Zitrone |
| 1 Bund Zitronenmelisse, gehackt |
| 2 Zitronen |

**1.** Die Zanderfilets unter fließendem Wasser abwaschen, trockentupfen, mit Zitronensaft beträufeln und 10 Minuten ziehen lassen.
**2.** Salzen, pfeffern, im Mehl und im Ei wenden.
**3.** Die Semmelbrösel mit der Zitronenschale und der gehackten Zitronenmelisse vermischen und die Zanderfilets damit panieren.
**4.** Die vier Zanderfilets im schwimmenden Fett 10 Minuten goldgelb backen. Herausnehmen, mit Zitronenscheiben garnieren.

**Garzeit:** 10 Minuten
**Temperatur:** 170°C

# Kartoffelspezialitäten

## Pommes frites

Für 4 Personen

| |
|---|
| 1 kg Kartoffeln |
| Salz |
| evtl. Paprika |

**1.** Die Kartoffeln schälen und in möglichst gleichmäßige Stifte schneiden. Nur dann erhält man ein gleichmäßiges Bräunungsergebnis.
**2.** Die Kartoffelstifte waschen und abtrocknen. Partieweise in 190°C heißem Fett etwa 4 Minuten fritieren. Die Pommes frites werden im ersten Durchgang noch nicht fertig gebräunt.
**3.** Nach dem Abkühlen kurz vor dem Servieren die Pommes frites nochmals 2 bis 4 Minuten bräunen. Erst dann würzen.

**Garzeit:** 6 bis 8 Minuten
**Temperatur:** 190°C

TIP

Tiefgekühlte Pommes frites in kleineren Mengen partieweise fritieren, denn eine zu große Menge läßt die Temperatur des Fettes zu stark absinken.

## Pommes chips

Für 4 Personen

| |
|---|
| 1 kg Kartoffeln |
| Salz |
| Paprika |

**1.** Die Kartoffeln schälen und auf einem Gurkenhobel feine Scheibchen hobeln.
**2.** Die Kartoffelscheiben sofort in Wasser geben, damit sie nicht braun werden, waschen und anschließend gut abtrocknen.
**3.** Die Pommes chips in 190°C heißem Fett 3 bis 4 Minuten fritieren. Während des Fritierens öfter bewegen.
**4.** Die Chips abtropfen lassen, mit Salz und Paprika würzen.
(Farbtafel 6, siehe Seite 49)

**Garzeit:** 3 bis 4 Minuten
**Temperatur:** 190°C

## Kartoffelkroketten

Für 4 Personen

**Krokettenteig:**

1 kg mehlig kochende Kartoffeln
2 EL Kümmel
2 Eigelb
4–5 EL Mehl
Salz
Pfeffer
Muskat

**Zum Panieren:**

2 Eiweiß
Semmelbrösel

**1.** Die Kartoffeln waschen und mit dem Kümmel in Salzwasser garen. Anschließend schälen und durch eine Kartoffelpresse drücken.
**2.** Den Kartoffelteig mit den Eigelben, dem Mehl, dem Salz, dem Pfeffer und dem Muskat zu einer glatten Masse verarbeiten.
**3.** Aus dem Teig etwa 2 cm dicke Rollen formen und in 5 cm lange Stücke schneiden.
**4.** Die Kroketten in Eiweiß und Semmelbröseln wenden und in 190°C heißem Fett 3 bis 4 Minuten ausbacken.
(Farbtafel 6, siehe Seite 49)

**Garzeit:** 3 bis 4 Minuten
**Temperatur:** 190°C

### Tip

Tiefgekühlte Kartoffelkroketten nur in geringen Mengen partieweise fritieren. Die Kroketten müssen im Fett schwimmen können und dürfen nicht aneinanderstoßen.
Statt in Semmelbröseln können Sie die Kroketten auch in Mandelblättchen oder Streukäse wälzen. Dann liegt die Fritiertemperatur jedoch bei 180°C.

## Pommes Chateau

Für 4 Personen

1 kg Kartoffeln
Salzwasser
Petersilie

**1.** Die Kartoffeln schälen, in längliche Stücke schneiden und die Ecken abrunden, so daß ovale Stücke entstehen.
**2.** In Salzwasser etwa 5 Minuten kochen, auf ein Sieb geben und würzen.
**3.** Die Kartoffeln abkühlen und abtropfen lassen. In 190°C heißem Fett etwa 3 Minuten fritieren. Mit Petersilie bestreut anrichten.

**Garzeit:** etwa 3 Minuten
**Temperatur:** 190°C

## Pilzkroketten

Für 4 Personen

| |
|---|
| 1 kleine Zwiebel |
| 20 g Butter |
| 150 g Pfifferlinge |
| Petersilie |
| 1 Rezept Krokettenteig (Seite 40) |
| oder 1 P. Kroketten |
| 1 Ei |
| Semmelbrösel |

**1.** Die Zwiebel schälen, fein würfeln und in der Butter glasig dünsten.
**2.** Die Pfifferlinge putzen, kurz waschen, dazugeben und mitbraten.
**3.** Den Krokettenteig nach Anweisung herstellen und die Zwiebel, die Pfifferlinge und die fein gehackte Petersilie untermischen.
**4.** Falls Sie fertiges Krokettenpulver verwenden, die Zwiebelwürfel, die Pfifferlinge und die fein gehackte Petersilie mit kaltem Wasser übergießen. Anschließend das Krokettenpulver einrühren und den Teig quellen lassen.
**5.** Aus dem Teig eine Rolle formen und davon 2 cm lange Stücke abschneiden. Die Kroketten in verquirltem Ei und Semmelbröseln wenden.
**6.** die Pilzkroketten in 170°C heißem Fett etwa 4 Minuten ausbacken.

**Garzeit:** etwa 4 Minuten
**Temperatur:** 170°C

## Kräuterplätzchen

Für 4 Personen

| |
|---|
| 1 Rezept Krokettenteig (Seite 40) |
| 3 EL gehackte Kräuter oder |
| 1 P. Kartoffelpüree |
| Salz |
| 1 Eigelb |
| 1 EL Mehl |
| 3 EL gehackte Kräuter |
| Muskat |

**1.** Den Krokettenteig nach Anweisung herstellen und die gehackten Kräuter untermischen.
**2.** Falls Sie fertiges Kartoffelpüree verwenden, das Kartoffelpüree nach Packungsanweisung zubereiten. Das Püree mit dem Eigelb und dem Mehl gut verrühren. Mit Salz, Kräutern und Muskat gut abschmecken.
**3.** Aus dem Teig eine etwa 6 cm dikke Rolle formen, in dünne Scheiben schneiden.
**4.** Die Kräuterplätzchen etwa 4 Minuten in 180°C heißem Fett goldbraun ausbacken.

**Garzeit:** etwa 4 Minuten
**Temperatur:** 180°C

## Fingernudeln

Für 4 Personen

| |
|---|
| 1 Rezept Krokettenteig (Seite 40) |
| oder 1 P. Kroketten |

**1.** Den Krokettenteig nach Anweisung herstellen.
**2.** Falls Sie fertiges Krokettenpulver verwenden, das Krokettenpulver nach Packungsanweisung in Wasser einrühren und quellen lassen.
**3.** Aus dem Kartoffelteig fingerdicke Rollen formen und in 5 bis 6 cm lange Stücke schneiden.
**4.** Die Enden etwas abflachen und die Fingernudeln in 180°C heißem Fett 3 bis 4 Minuten schön goldgelb fritieren.
Dazu reicht man Sauerkraut und gekochtes »Wammerl«.

**Garzeit:** 3 bis 4 Minuten
**Temperatur:** 180°C

## Kartoffelplätzchen

Für 4 Personen

| |
|---|
| 60 g durchwachsener Speck |
| 1 Zwiebel |
| 1 EL Fett |
| 1 Rezept Krokettenteig (Seite 40) oder |
| 1 P. Kroketten |
| 1 EL fein gehackte Petersilie |
| 1 EL fein geschnittener Schnittlauch |
| Muskat |

**1.** Den Speck fein würfeln. Die Zwiebel schälen und in feine Würfel schneiden.
**2.** Beides in wenig heißem Fett anrösten und etwas abkühlen lassen.
**3.** Den Krokettenteig nach Anweisung herstellen und die Speck- und die Zwiebelwürfel sowie die Kräuter untermischen.
**4.** Falls Sie fertiges Krokettenpulver verwenden, die Speck- und die Zwiebelwürfel mit den Kräutern und etwas Muskat in kaltes Wasser geben. Anschließend das Krokettenpulver einrühren und nach Packungsanweisung quellen lassen.
**5.** Aus dem Teig eine 4 bis 5 cm lange Rolle formen und 1½ cm dicke Scheiben davon abschneiden.
**6.** Die Kartoffelplätzchen in 180°C heißem Fett 3 bis 4 Minuten ausbacken.
Dazu schmeckt Zigeunergulasch.

**Garzeit:** 3 bis 4 Minuten
**Temperatur:** 180°C

## Krapfen nach Fischerart

Für 4 Personen

| |
|---|
| 1 Rezept Krokettenteig (Seite 40) oder |
| 1 P. Kroketten |
| 100 g geriebener Emmentaler Käse |
| 150 g TK-Krabben |
| 1 EL gehackter Dill |

**1.** Den Krokettenteig nach Anweisung herstellen.
**2.** Falls Sie fertiges Krokettenpulver verwenden, das Krokettenpulver nach Packungsanweisung in Wasser einrühren und quellen lassen.
**3.** Den Teig mit dem Käse, den aufgetauten Krabben und dem Dill mischen und gut durcharbeiten.
**4.** Mit einem Teelöffel Krapfen abstechen und diese in 180°C heißem Fett etwa 4 Minuten ausbacken. Auf Küchenkrepp abtropfen lassen und servieren.
Zu den Krapfen eine Currysoße servieren.

**Garzeit:** etwa 4 Minuten
**Temperatur:** 180°C

## Schinkenplätzchen

Für 4 Personen

| |
|---|
| 100 g Schinken |
| 1 Zwiebel |
| 1 Rezept Krokettenteig (Seite 40) oder |
| 1 P. Kroketten |

**1.** Den Schinken fein würfeln. Die Zwiebel schälen und ebenfalls fein würfeln.
**2.** Den Krokettenteig nach Anweisung herstellen und den Schinken und die Zwiebel untermischen.
**3.** Falls Sie fertiges Krokettenpulver verwenden, die Schinken- und die Zwiebelwürfel in eine Schüssel geben und mit kaltem Wasser übergießen. Anschließend das Krokettenpulver einrühren und den Teig nach Packungsanweisung quellen lassen.
**4.** Aus dem Kartoffelteig eine etwa 5 cm lange dicke Rolle formen und diese in 1 cm dicke Scheiben schneiden.
**5.** Die Schinkenplätzchen etwas oval formen und in 180°C heißem Fett 3 bis 4 Minuten ausbacken.
Dazu schmeckt Kalbsbraten und Gurkensalat.

**Garzeit:** 3 bis 4 Minuten
**Temperatur:** 180°C

# Gemüse

## Gebackener Chicorée mit Schinken

Für 4 Personen

| |
|---|
| 4 Chicorée |
| Salz |
| 4 Scheiben gekochter Schinken |
| 4 Scheiben Chester |
| Mehl |
| 1 Ei |
| Semmelbrösel |

**1.** Den Chicorée waschen, putzen, sorgfältig den bitteren Kern entfernen und die Stauden eventuell mit Baumwollgarn umwickeln.
**2.** Die Chicoréestauden in Salzwasser 5 bis 10 Minuten vorkochen, abgießen und gut abtropfen lassen.
**3.** Je eine Scheibe Schinken mit einer Scheibe Käse und einem Chicorée (ohne Faden) belegen und aufrollen.
**4.** Nacheinander in Mehl, verquirltem Ei und Semmelbröseln wenden.
**5.** Den Chicorée in 160°C heißem Fett schwimmend etwa 3 Minuten ausbacken.
Einen frischen Salat dazu reichen.

**Garzeit:** etwa 3 Minuten
**Temperatur:** 160°C

## Gefüllte Gurkenscheiben

Für 4 Personen

| |
|---|
| ½ Salatgurke |
| Salz |
| Pfeffer |
| Mehl |
| 200 g Bratwurst |
| 1 Ei |
| Semmelbrösel |

**1.** Die Gurke waschen, in 16 nicht zu dicke Scheiben schneiden, mit Salz und Pfeffer würzen und einige Zeit durchziehen lassen.
**2.** Die Gurkenscheiben trockentupfen und in Mehl wenden.
**3.** Aus der Bratwurstmasse acht Kugeln formen und zwischen je zwei Gurkenscheiben festdrücken.
**4.** Die Gurkenstücke in verschlagenem Ei und Semmelbröseln wenden und in 150°C heißem Fett schwimmend 2 bis 3 Minuten ausbacken.

**Garzeit:** 2 bis 3 Minuten
**Temperatur:** 150°C

# Gebackene Auberginen mit Tomaten

Für 4 Personen

| |
|---|
| 3 Auberginen |
| Zitronensaft |
| 125 g Mehl |
| ½ TL Backpulver |
| Salz |
| 1 Ei |
| ⅛ l Milch |
| 500 g Tomaten |
| 2 Zwiebeln |
| 1 Paprikaschote |
| 2 EL Essig |
| 3 EL Öl |
| Salz, Pfeffer |

**1.** Die Auberginen waschen, putzen und in etwa 1 cm dicke Scheiben schneiden.
**2.** Mit etwas Salz bestreuen und mit Zitronensaft beträufeln.
**3.** Das Mehl und das Backpulver in eine Schüssel geben. Etwas Salz mit dem Ei und der Milch verquirlen und langsam zum Mehl geben. Den Teig glatt rühren.
**4.** Die Auberginenscheiben trokkentupfen und anschließend im Teig wenden.
**5.** Die Auberginenscheiben in 160°C heißem Fett 4 bis 6 Minuten goldbraun backen.
**6.** Die Tomaten waschen und in Scheiben schneiden. Anschließend die Zwiebeln schälen und in feine Ringe schneiden.
**7.** Die Paprikaschote waschen, putzen, entkernen und in Würfel schneiden.
**8.** Das Gemüse mit einer Essig-Öl-Marinade übergießen und mit den Auberginenscheiben servieren.

**Garzeit:** 4 bis 6 Minuten
**Temperatur:** 160°C

# Gebackene Champignons

Für 4 Personen

| |
|---|
| 250 g Champignons |
| 125 g Mehl |
| 1 Ei |
| Salz |
| knapp ⅛ l Bier |
| einige Salatblätter |

**1.** Die Champignons putzen, waschen und gut abtrocknen.
**2.** Aus Mehl, Ei, Salz und Bier einen glatten Eierkuchenteig rühren.
**3.** Die Pilze mit 2 Gabeln darin wenden und nach und nach etwa 6 Minuten in 160°C heißem Fett goldbraun ausbacken.
**4.** Auf Salatblättern anrichten und eine pikante Soße dazu reichen.

**Garzeit:** etwa 6 Minuten
**Temperatur:** 160°C

## Gemüseplatte

Für 4 Personen

- 1 kleiner Blumenkohl
- 250 g Bohnen
- 2 Fenchelknollen
- Salz
- 250 g Möhren
- Mehl zum Wenden
- 1 Ei
- Semmelbrösel

**1.** Den Blumenkohl putzen, waschen und in kleine Röschen teilen. Die Blumenkohlröschen in Salzwasser etwa 5 Minuten garen.
**2.** Die Bohnen und den Fenchel putzen und waschen. Anschließend beides etwa 10 Minuten garen.
**3.** Das Gemüse abtropfen lassen und anschließend mit Küchenpapier trockentupfen.
**4.** Die Möhre schälen und in Stifte schneiden.
**5.** Das Gemüse nacheinander im heißen Fett fritieren. (Möhren 4 bis 6 Minuten, Blumenkohl und Bohnen etwa 2 Minuten.)
**6.** Die Fenchelknollen halbieren, in Mehl, Ei und Semmelbröseln wenden und in 150°C heißem Fett etwa 4 Minuten ausbacken.
**7.** Das ausgebackene Gemüse auf einer Platte anrichten und servieren.

**Garzeit:** etwa 4 Minuten
**Temperatur:** 150°C

## Zwiebelkrusteln

Für 4 Personen

- etwa 350 g Zwiebeln
- 3 EL Mehl
- 3 Eier
- Salz
- Majoran

**1.** Die Zwiebeln schälen und fein hacken.
**2.** Die Zwiebelwürfel mit dem Mehl und den Eiern mischen und würzen.
**3.** Aus der Masse mit einem Eßlöffel Klößchen abstechen, und die Zwiebelkrusteln in 150°C heißem Fett 3 bis 4 Minuten ausbacken.

**Garzeit:** 3 bis 4 Minuten
**Temperatur:** 150°C

## Weißkohlspezialität

Für 4 Personen

- 1 fester Weißkohl
- Salzwasser
- ½ Flasche Tomatenketchup
- ½ TL Kümmel
- Mehl
- 1–2 Eier
- Semmelbrösel

**1.** Den Weißkohl waschen, putzen, mit Salzwasser überbrühen und völlig abkühlen lassen.
**2.** Den Ketchup mit dem Kümmel verrühren.
**3.** Den Weißkohl in Achtel oder Viertel schneiden und diese Stücke mit Ketchup bestreichen. Dann nacheinander in Mehl, verquirlten Eiern und Semmelbröseln wenden.
**4.** Die Panade gut andrücken und die Weißkohlstücke in 150°C heißem Fett etwa 4 Minuten ausbacken.

**Garzeit:** etwa 4 Minuten
**Temperatur:** 150°C

## Kohlrabibällchen

Für 4 Personen

- 5 große Kohlrabi
- 100 g Mehl
- Salz
- 1 Ei
- 1 Tasse Bier

**1.** Die Kohlrabi schälen und mit einem Kartoffelausstecher kleine Bällchen ausstechen.
**2.** Das Mehl mit einer Prise Salz, dem Ei und dem Bier zu einem glatten Teig verrühren.
**3.** Die Kohlrabibällchen durch den Teig ziehen und in 150°C heißem Fett etwa 4 Minuten ausbacken.

**Garzeit:** etwa 4 Minuten
**Temperatur:** 150°C

### Tip

Die Kohlrabibällchen sind als Beilage zu feinen Bratengerichten besonders gut geeignet.

## Schwarzwurzeln im Backteig

Für 4 Personen

1 kg Schwarzwurzeln
Essigwasser
Saft von ½ Zitrone
Salz
Mehl

**Teig:**

2 Eier
150 g Mehl
⅛ l helles Bier
Salz
Zucker
1 EL Fett

**1.** Die Schwarzwurzeln putzen, in beliebige Stücke schneiden und sofort in Essigwasser legen.
**2.** Wasser mit Zitronensaft, Salz und etwa 1 EL Mehl zum Kochen bringen, die Schwarzwurzeln hineingeben und in etwa 30 Minuten garen.
**3.** Die Eier trennen. Aus dem Mehl, den Eigelben und dem Bier einen glatten Teig rühren, mit Salz und Zucker abschmecken.
**4.** Die Eiweiße steif schlagen und unter den Teig ziehen. Zuletzt das zerlassene Fett unterrühren.
**5.** Die gegarten Wurzeln abtrocknen, zuerst in Mehl wenden, dann in den Backteig tauchen und nach und nach in 180° C heißem Fett schwimmend etwa 4 Minuten ausbacken.
Mit Tomatensoße als Beilage zu Fleischgerichten reichen.

**Garzeit:** etwa 4 Minuten
**Temperatur:** 180° C

## Panierte Lauchstangen

Für 4 Personen

8 Stangen Lauch
Salz
Mehl
1 Ei
Milch
Semmelbrösel

**1.** Den Lauch putzen und gründlich waschen. In etwa 15 cm lange Stücke schneiden und in Salzwasser fast gar kochen. Abtropfen lassen.
**2.** Die Lauchstangen nacheinander in Mehl, mit Milch verquirltem Ei und Semmelbröseln wenden.
**3.** Die Panade gut andrücken und die Lauchstangen in 180° C heißem Fett 4 bis 5 Minuten ausbacken.

**Garzeit:** 4 bis 5 Minuten
**Temperatur:** 180° C

Farbtafel 5
Frutti di mare und
Forelle im Teigmantel
(Rezepte Seite 35 und 36)

## Ausgebackener Rosenkohl

Für 4 Personen

| |
|---|
| 750 g Rosenkohl |
| Salz |
| 125 g Mehl |
| 100–125 g Chesterkäse |
| 1 Ei |
| 1/8 l Wasser |

**1.** Den Rosenkohl putzen, in Salzwasser fast gar kochen und gut abtropfen lassen.
**2.** Inzwischen aus Mehl, Salz, 30 g geriebenem Chesterkäse, Ei und Wasser einen dicken Pfannkuchenteig rühren.
**3.** Jeweils einige Köpfchen Rosenkohl in den Teig geben und ringsum sorgfältig mit Teig beziehen.
**4.** Den Rosenkohl in das 160° C heiße Fett geben und etwa 5 Minuten ausbacken.
**5.** Mit dem Schaumlöffel aus dem Fritierkorb nehmen und warmstellen, bis alles Gemüse ausgebacken ist. Dann mit geriebenem Käse bestreuen und heiß servieren.
Zu rohem Schinken, Spiegeleiern oder Rühreiern reichen.

**Garzeit:** etwa 5 Minuten
**Temperatur:** 160°C

Farbtafel 6
Pommes chips und Kartoffelkroketten
(Rezepte Seite 39 und 40)

## Gefüllte Zwiebeln

Für 4 Personen

| |
|---|
| 8 mittelgroße Zwiebeln |
| Salz |
| 200 g Bratwurst |
| Mehl |

**1.** Die Zwiebeln schälen, in siedendes Salzwasser geben und 10 bis 15 Minuten kochen.
**2.** Dann die Zwiebeln längs halbieren und so aushöhlen, daß 2 bis 3 Blätter stehen bleiben.
**3.** Aus der Bratwurstmasse acht Kugeln formen und je eine Zwiebelhälfte damit füllen. Die andere Hälfte mit der Schnittfläche in Mehl tauchen und beide zusammendrücken.
**4.** Die gefüllten Zwiebeln auf Hölzchen spießen, in Mehl wenden und in 170° C heißem Fett schwimmend 5 bis 6 Minuten ausbacken.
Im Reisrand anrichten. Die Zwiebelreste einmehlen, im Korb ausbacken und dazu reichen. Schmeckt auch als Suppeneinlage köstlich.

**Garzeit:** 5 bis 6 Minuten
**Temperatur:** 170°C

# Süße Köstlichkeiten

## Fritierte Melonenspalten

Für 4 Personen

| |
|---|
| 750 g Honigmelone |
| 100 g Zucker |
| 1/8 l Rum |
| 125 g Mehl |
| Mehl zum Wenden |
| 1 Ei |
| 1 P. Vanillezucker |
| etwas Zucker |

**1.** Die Melone schälen, entkernen und in etwa 1 cm dicke Spalten schneiden.
**2.** Die Spalten flach in einer Schüssel ausbreiten, mit Zucker bestreuen und mit Rum aromatisieren.
**3.** Zugedeckt mindestens 1 Stunde ziehen lassen, dann abgießen. Den Saft auffangen.
**4.** Aus dem Mehl, dem Ei und 1/8 l abgegossenem Saft einen dickflüssigen Teig herstellen.
**5.** Die Spalten in Mehl wenden, in den Teig tauchen und partieweise in 150°C heißem Fett 3 bis 4 Minuten goldbraun ausbacken.
**6.** Den Vanillezucker mit dem Zucker mischen und die ausgebakkenen Melonenspalten darin wenden. Nicht aufeinander legen, da sie sonst weich werden.

**Garzeit:** 3 bis 4 Minuten
**Temperatur:** 150°C

## Quarkkeulchen

Für 4 Personen

| |
|---|
| 500 g Quark |
| 250 g gekochte, geriebene Kartoffeln |
| 40 g Mehl |
| 2 Eier |
| 50 g Zucker |

**1.** Den Quark glatt rühren und mit den geriebenen Kartoffeln mischen.
**2.** Das Mehl, die Eier und den Zucker hinzufügen und alles gut verrühren.
**3.** Aus dem Teig mit bemehlten Händen kleine Keulchen nach sächsischer Art formen.
**4.** Die Quarkkeulchen in 150° C heißem Fett 3 bis 4 Minuten ausbacken. Mit Pflaumenkompott servieren.

**Garzeit:** 3 bis 4 Minuten
**Temperatur:** 150°C

## Früchte im Rumteig

Für 4 Personen

| |
|---|
| ¼ l Milch |
| 2 Likörglas Rum |
| 1 Prise Salz |
| 2 EL Zucker |
| 8 EL Mehl |
| 1 TL Backpulver |
| 2 EL Öl |
| ½ Dose Ananas |
| ½ Dose Pfirsiche |
| Zucker |
| Zimt |

**1.** Die Milch mit Rum, Salz und Zucker verrühren. Das Mehl mit dem Backpulver vermischen und mit dem Öl dazugeben. Alles gut verrühren.
**2.** Die Ananasscheiben und die Pfirsiche abtropfen lassen und mit Küchenpapier trockentupfen.
**3.** Die Früchte mit einer Gabel durch den Teig ziehen und anschließend in 160°C heißem Fett 2 bis 4 Minuten ausbacken.
**4.** Die Früchte mit Zucker und Zimt bestreuen oder mit einer warmen Fruchtsoße servieren.

**Garzeit:** 2 bis 4 Minuten
**Temperatur:** 160°C

## Bananenköstlichkeit

Für 4 Personen

| |
|---|
| 2 Bananen |
| 80 g Zucker |
| 100 g Mehl |
| 100 g Kokosflocken |
| 1 P. Vanillezucker |
| 1–2 EL Cointreau |
| etwas Backpulver |

**1.** Die Bananen schälen, mit einer Gabel zerdrücken und zusammen mit den übrigen Zutaten zu einem nicht zu festen Teig verarbeiten.
**2.** Mit einem Teelöffel kleine Bällchen abstechen und etwa 3 Minuten in 160°C heißem Fett ausbacken.
**3.** Die Bananenbällchen abtropfen lassen und in Kokosflocken wälzen.

**Garzeit:** etwa 3 Minuten
**Temperatur:** 160°C

## Ausgebackene Kürbisküchlein

Für 4 Personen

| |
|---|
| ¼ l Wasser |
| ¼ l Essig |
| 100 g Zucker |
| 1 TL Ingwerpulver |
| 1 kg Kürbis |
| 125 g Mehl |
| 1 Ei |
| 1 Prise Salz |
| Vanillezucker |

**1.** Das Wasser mit Essig, Zucker und Ingwerpulver zum Kochen bringen.
**2.** Inzwischen den Kürbis putzen, in fingerlange Stücke schneiden.
**3.** Mit der heißen Beize übergießen und zugedeckt abkühlen lassen.
**4.** Mehl, Ei und Salz mit ⅛ l Beize verrühren und die gut abgetropften Kürbisstückchen darin wenden.
**5.** Die Kürbisküchlein nach und nach in 170° C heißem Fett etwa 3 Minuten goldgelb backen.
**6.** Nach dem Abtropfen in Vanillezucker wenden und warm oder kalt servieren.

**Garzeit:** etwa 3 Minuten
**Temperatur:** 170° C

## Ausgebackene Kirschen

Für 4 Personen

| |
|---|
| 70 g Mehl |
| 1 Prise Salz |
| 1 Eigelb |
| 1 EL Zucker |
| abgeriebene Schale von |
| ½ unbehandelten Zitrone |
| ⅛ l Sahne |
| 500 g Kirschen mit Stiel |
| Würfelzucker |
| Kirschwasser |
| Puderzucker zum Bestäuben |

**1.** Aus Mehl, Salz, Eigelb, Zucker, Zitronenschale und der Sahne einen glatten dickflüssigen Teig rühren.
**2.** Die Kirschen von der Spitze her entkernen. Den Stiel dranlassen.
**3.** Die Zuckerstücke mit Kirschwasser tränken und jede Kirsche mit einem halben Zuckerstück füllen.
**4.** Dann jeweils 8 bis 10 Kirschen in Mehl stippen, in den Teig setzen und schnell nacheinander in 150° C heißem Fett schwimmend 2 bis 3 Minuten goldgelb ausbacken.
**5.** Die Kirschen dürfen dabei nicht aneinanderkleben. Nach dem Abtropfen mit Puderzucker bestäuben. (Farbtafel 8, siehe Seite 65)

**Garzeit:** 2 bis 3 Minuten
**Temperatur:** 150° C

## Ausgebackene Zwetschenknödel

Für 4 Personen

| |
|---|
| ¼ l Wasser |
| Salz |
| 40 g Fett |
| 150 g Mehl |
| 2 Eier |
| 18 Zwetschen |
| 18 Stück Würfelzucker |
| geriebene Nüsse und Puderzucker zum Bestäuben |

**1.** Wasser, Salz und Fett zum Kochen bringen.
**2.** Das Mehl auf einmal dazugeben und so lange rühren, bis sich der Teig vom Topfboden löst.
**3.** Den Topf vom Herd nehmen und nach und nach die Eier unterrühren.
**4.** Den Brandteig abkühlen lassen, eine dicke Rolle formen und in 18 Scheiben schneiden.
**5.** Die Zwetschen waschen, entsteinen und mit einem Stückchen Würfelzucker füllen.
**6.** Auf jede Teigscheibe eine Frucht legen und Klöße formen.
**7.** Die Zwetschenknödel in 160°C heißem Fett 3 bis 5 Minuten goldbraun ausbacken. Mit geriebenen Nüssen und Puderzucker überstreut möglichst heiß servieren.

**Garzeit:** 3 bis 5 Minuten
**Temperatur:** 160°C

## Bananen in Mürbeteig

Für 4 Personen

| |
|---|
| 300 g Mehl |
| 1 TL Backpulver |
| 100 g Zucker |
| 1 P. Vanillezucker |
| 2 Eier |
| 60 g Margarine |
| evtl. 1 EL Wasser |
| 4 Bananen |
| Puderzucker zum Bestäuben |

**1.** Aus Mehl, Backpulver, Zucker und Vanillezucker, Eiern, Margarineflöckchen und eventuell 1 EL Wasser einen glatten Mürbeteig kneten und kurze Zeit kalt stellen.
**2.** Dann den Teig ausrollen und in 8 Rechtecke von Bananenlänge schneiden.
**3.** Die Bananen schälen, längs halbieren, jede Hälfte in ein Rechteck wickeln und die Ränder fest zusammendrücken.
**4.** In 160°C heißem Fett 6 bis 8 Minuten goldgelb ausbacken. Abtropfen lassen, mit Puderzucker bestäuben und heiß oder kalt servieren.

**Garzeit:** 6 bis 8 Minuten
**Temperatur:** 160°C

## Süße Birnen

Für 4 Personen

| |
|---|
| 4 große Birnen |
| 2 EL Zitronensaft |
| 75 g Marzipanrohmasse |
| 1–2 EL Kirschwasser |
| Mehl |
| 1 Ei |
| Semmelbrösel |

**1.** Die Birnen schälen, halbieren, den Stiel dranlassen, das Kerngehäuse ausstechen und die Früchte mit Zitronensaft beträufeln.
**2.** Die Marzipanrohmasse mit dem Kirschwasser glattrühren und die Birnenhälften damit füllen.
**3.** Die Ränder mit Mehl bestäuben und die Birnen wieder zusammensetzen.
**4.** Die Früchte in Mehl, Ei und Semmelbröseln wenden. In 150° C heißem Fett schwimmend etwa 6 Minuten goldgelb ausbacken.

**Garzeit:** etwa 6 Minuten
**Temperatur:** 150° C

## Ausgebackene Birnenscheiben

Für 4 Personen

| |
|---|
| 500 g reife Birnen |
| etwas Zitronensaft |
| Mehl zum Wenden |
| 1 EL Sahne |
| 1 Ei |
| etwa 125 g Kokosraspeln |

**1.** Die Birnen schälen, der Länge nach in Scheiben schneiden und mit Zitrone beträufeln.
**2.** Die Scheiben nacheinander in Mehl, mit Sahne, verquirltem Ei und Kokosraspeln wenden.
**3.** Die Birnenscheiben in 150° C heißem Fett partieweise 2 bis 3 Minuten ausbacken.

**Garzeit:** 2 bis 3 Minuten
**Temperatur:** 150° C

## Dattelkrapfen

Für 4 Personen

- 25 g Datteln
- 1 EL Kirschwasser
- 25 g Mandeln
- 1/4 l Wasser
- 60 g Margarine
- 1 Prise Salz
- 125 g Mehl
- 4 Eier
- Puderzucker zum Bestäuben

**1.** Die Datteln entkernen, mit Kirschwasser beträufeln und mit je einer abgezogenen Mandel füllen.
**2.** Das Wasser mit der Margarine und dem Salz zum Kochen bringen.
**3.** Das Mehl auf einmal dazugeben und unter Rühren so lange weiter erhitzen, bis sich die Masse als Kloß vom Topfboden löst.
**4.** Sofort 1 Ei unterrühren, die Masse abkühlen lassen und dann die restlichen Eier zufügen.
**5.** Die gefüllten Datteln einzeln dick mit diesem Brandteig beziehen. In 170°C heißem Fett schwimmend etwa 4 Minuten ausbacken, abtropfen lassen und mit Puderzucker bestäuben. Warm oder kalt servieren.

**Garzeit:** etwa 4 Minuten
**Temperatur:** 170°C

## Apfelkrapfen mit Schwips

Für 4 Personen

- 3 Äpfel
- 1 EL Rum oder Weinbrand
- 1/4 l Milch
- 1 Prise Salz
- 1 Eigelb
- 200 g Mehl
- 1 Messerspitze Backpulver
- 1 Eiweiß
- Zimt und Zucker zum Bestreuen

**1.** Die Äpfel schälen, das Kerngehäuse ausstechen und die Früchte in dicke Scheiben schneiden.
**2.** Die Apfelscheiben auf einem Teller mit Rum oder Weinbrand bespritzen und zugedeckt etwa 15 Minuten durchziehen lassen.
**3.** Die Milch mit dem Salz und dem Eigelb gut verrühren. Das Backpulver mit dem Mehl mischen und unterrühren. Das Eiweiß steif schlagen und zum Schluß unter den Teig ziehen. Der Teig muß dickflüssig sein.
**4.** Die Apfelscheiben durch den Teig ziehen und sofort in 170°C heißem Fett 4 bis 6 Minuten goldgelb backen. Abgetropft mit Zucker und Zimt bestreuen.

**Garzeit:** 4 bis 6 Minuten
**Temperatur:** 170°C

## Apfelringe im Rahmteig

Für 4 Personen

| |
|---|
| 30 g Fett |
| 60 g Zucker |
| 1 P. Vanillezucker |
| 2 Eigelb |
| 125 g Mehl |
| 1/8 l Sahne |
| 25 g geriebene Nüsse |
| 2 EL Rum |
| 2 Eiweiß |
| 3 mittelgroße Äpfel |
| Mehl zum Wenden |
| Puderzucker zum Bestäuben |

**1.** Das Fett, den Zucker, den Vanillezucker und die Eigelbe schaumig rühren.
**2.** Abwechselnd Mehl und Sahne dazugeben und dann die Nüsse und den Rum zufügen.
**3.** Die Eiweiße steif schlagen und unter den Teig heben.
**4.** Die Äpfel schälen, das Kerngehäuse ausstechen und die Äpfel in dicke Scheiben schneiden.
**5.** Die Apfelscheiben in Mehl wenden und in den Teig tauchen. Sie müssen ganz damit bezogen sein.
**6.** Je 2 bis 3 Apfelringe in 160°C heißem Fett etwa 4 Minuten ausbacken. Abtropfen lassen und mit Puderzucker bestäuben.
Heiß oder kalt servieren.

**Garzeit:** etwa 4 Minuten
**Temperatur:** 160°C

## Grießbeignets

Für 4 Personen

| |
|---|
| 100 g Grieß |
| 50 g Zucker |
| 1/2 l Milch |
| etwas Stangenzimt |
| Schale von 2 unbehandelten Zitronen |
| 1 EL Butter |
| 1 EL Öl |
| 1 Ei |
| Semmelbrösel |
| Zucker und Zimt |

**1.** Aus Grieß, Zucker, Milch, Stangenzimt, Zitronenschale und Butter einen dicken Grießbrei kochen.
**2.** Pergamentpapier oder Alufolie mit Öl einstreichen und den Grießbrei dick darauf verstreichen, auskühlen lassen.
**3.** Fingerlange und -dicke Stücke daraus schneiden, in verquirltem Ei und Semmelbröseln wenden.
**4.** Die Grieß-Beignets in 170°C heißem Fett etwa 3 Minuten goldgelb ausbacken. Abtropfen lassen und mit Zucker und Zimt bestreuen.
Dazu eine Fruchtsoße servieren.

**Garzeit:** etwa 3 Minuten
**Temperatur:** 170°C

## Fruchtschnitten

Für 4 Personen

| |
|---|
| 6 Scheiben Toastbrot |
| sehr gute, fruchtige Marmelade |
| 1/8 l Sahne |
| 1 P. Vanillezucker |
| 1 Ei |
| Zwiebackbrösel |
| Zucker und Zimt |

**1.** Das Brot dick mit Marmelade bestreichen, jeweils zwei Scheiben mit der bestrichenen Seite zusammenlegen.
**2.** In etwa 2 cm breite Streifen schneiden. Die Sahne mit dem Vanillezucker verrühren und über die Streifen gießen.
**3.** Nach 1 Stunde die Streifen in verquirltem Ei und Zwiebackbröseln wälzen.
**4.** In 180°C heißem Fett etwa 3 Minuten goldgelb backen. Abtropfen lassen, mit Zucker und Zimt bestreuen.

**Garzeit:** etwa 3 Minuten
**Temperatur:** 180°C

## Reiskrusteln

Für 4 Personen

| |
|---|
| 100 g Reis |
| 2 Tassen Milch |
| 75 g Zucker |
| 1 P. Vanillezucker |
| 2 Eigelb |
| Zwiebackbrösel |
| Zucker zum Bestreuen |

**1.** Aus Reis, Milch, Zucker und Vanillezucker einen dicken Reisbrei kochen.
Den Reisbrei etwas abkühlen lassen und die Eigelbe unterrühren.
**2.** Die Masse auf einer Platte ausstreichen und abkühlen lassen.
**3.** Aus der Masse Krusteln formen, diese in Bröseln wälzen.
**4.** Die Reiskrusteln in 170°C heißem Fett 2 bis 3 Minuten backen. Abtropfen lassen und mit Zucker bestreuen. Warm mit einer Weinschaumsoße servieren.

**Garzeit:** 2 bis 3 Minuten
**Temperatur:** 170°C

# Leckereien zu Kaffee und Tee

## Berliner Pfannkuchen

Für 4 Personen

| |
|---|
| 500 g Mehl |
| 40 g Hefe |
| 1/8 l Milch |
| 100 g Zucker |
| Salz |
| 40 g Fett |
| abgeriebene Schale von |
| 1 unbehandelten Zitrone |
| 1 Ei (etwas Eiweiß zurücklassen) |
| Konfitüre zum Füllen |
| Zucker zum Wenden |

**1.** Das Mehl in eine Schüssel geben. In die Mitte eine Mulde drücken und die Hefe hineinbröckeln.
**2.** Die Hefe mit der lauwarmen Milch, etwas Zucker und Mehl zu einem Vorteig verrühren, etwa 15 Minuten gehen lassen.
**3.** Nun den Vorteig mit dem restlichen Zucker, dem Salz, dem zerlassenen Fett, der Zitronenschale und dem Ei mischen und alles zu einem geschmeidigen Teig verarbeiten.
**4.** Den Teig an einem warmen Ort gehen lassen, bis sich der Umfang verdoppelt hat.
**5.** Den Hefeteig zu einer ½ cm dicken Teigplatte ausrollen. Mit einem Glas auf der Hälfte der Platte große Plätzchen markieren.
**6.** Etwas Konfitüre in die Mitte der Kreise geben, die Ränder mit Eiweiß bestreichen.
**7.** Die andere Hälfte der Teigplatte überklappen und dann die Plätzchen so ausstechen, daß jeweils die Konfitüre in die Mitte kommt. Die Ränder gut festdrücken.
**8.** Die Pfannkuchen nochmals gehen lassen und dann in 180°C heißem Fett etwa 4 Minuten goldbraun ausbacken. Abtropfen lassen und noch heiß in Zucker wälzen.

**Backzeit:** etwa 4 Minuten
**Temperatur:** 180°C

### Tip

Berliner Pfannkuchen, auch Berliner Ballen oder einfach Berliner genannt, sind ein beliebtes Gebäck. Je nach Geschmack können Sie die Berliner mit Erdberer-, Aprikosen- und Kirschkonfitüre füllen oder Pflaumenmus verwenden. Mit verschiedenen Konfitüren gefüllte Berliner Pfannkuchen sind eine willkommene Überraschung bei jedem Kaffeetrinken.

## Mutzenmandeln

Für 4 Personen

- 100 g Margarine
- 100 g Zucker
- abgeriebene Schale von
- 1 unbehandelten Zitrone
- 3 Eier
- 100 g Stärkemehl
- 300 g Mehl
- 50 g gemahlene Mandeln
- 1 TL Backpulver
- 1 EL Rum
- Puderzucker zum Bestäuben

**1.** Die Margarine mit dem Zucker und der Zitronenschale schaumig rühren. Nach und nach die Eier hinzufügen.
**2.** Stärkemehl, Mehl und Backpulver mischen und mit den Mandeln unterrühren.
**3.** Zuletzt den Rum dazugeben und den Teig 1 Stunde im Kühlschrank ruhen lassen.
**4.** Danach den Teig ausrollen und mit einer Spezialform Mutzenmandeln ausstechen.
**5.** Die Mutzenmandeln in 180°C heißem Fett etwa 3 Minuten goldbraun backen. Abtropfen lassen und mit Puderzucker bestäuben.

**Backzeit:** etwa 3 Minuten
**Temperatur:** 180°C

## Rosettenwaffeln

Für 4 Personen

- 125 g Mehl
- 2 TL Zucker
- 1 Prise Salz
- 2 Eier
- 1/8 l Milch
- Puderzucker zum Bestäuben

**1.** Mehl, Zucker und Salz in einer Schüssel mischen. Die Eier und die Milch dazugeben und alles zu einem glatten Eierkuchenteig verrühren.
**2.** Dann in dem heißen Fett die Rosettenform heiß werden lassen.
**3.** Wenn das Fett die richtige Ausbacktemperatur erreicht hat, die Form in den Teig tauchen – nur so weit, daß die Oberseite frei bleibt – und die Waffeln im Fettbad 4 bis 6 Minuten goldgelb ausbacken.
**4.** Abtropfen lassen und vor dem servieren nach Geschmack mit Puderzucker bestäuben.

**Backzeit:** etwa 3 Minuten
**Temperatur:** 180°C

## Spritzkuchen

Für 4 Personen

**Teig:**

- ½ l Wasser
- 125 g Margarine
- 1 Prise Salz, 1 EL Zucker
- 250 g Mehl
- 4 Eier

**Guß:**

- 250 g Puderzucker
- Saft von ½ Zitrone
- etwas Wasser

**1.** Wasser, Fett, Salz und Zucker zum Kochen bringen.
**2.** Das Mehl auf einmal dazugeben und so lange rühren, bis sich der Teig vom Topfboden löst.
**3.** Den Topf vom Herd nehmen und nach und nach die Eier unterrühren.
**4.** Den Teig in einen Spritzbeutel füllen.
**5.** Aus Pergamentpapier einige etwa 10 cm breite Streifen schneiden. Die Streifen fetten und kleine Teigringe daraufspritzen.
**6.** Die Ringe mit der Oberseite nach unten ins Fettbad halten, bis sich die Ringe vom Papier lösen.
**7.** Unter Wenden von beiden Seiten etwa 5 Minuten leicht braun backen. Anschließend abtropfen lassen.
**8.** Inzwischen den Puderzucker mit dem Zitronensaft und etwas Wasser verrühren. Die Spritzkuchen mit dem Guß überziehen.

**Backzeit:** etwa 5 Minuten
**Temperatur:** 190° C

## Doughnuts

Für 4 Personen

- 60 g Margarine
- 1 Prise Salz
- 200 g Zucker
- 2 Eier
- 4 EL Sahne
- 500 g Mehl
- 1 P. Backpulver
- ⅛ l Milch
- Puderzucker zum Bestäuben

**1.** Die Margarine schaumig rühren, eine Prise Salz und abwechselnd Zucker und Eier dazugeben und so lange weiterrühren, bis sich der Zucker gelöst hat.
**2.** Die Sahne zufügen und abwechselnd das mit Backpulver gemischte Mehl und die Milch unterrühren.
**3.** Den Teig in einen Spritzbeutel mit großer Tülle füllen.
**4.** Aus Pergamentpapier einige etwa 10 cm breite Streifen schneiden. Die Streifen fetten und kleine Teigringe daraufspritzen.
**5.** Die Ringe mit der Oberseite nach unten ins Fettbad halten, bis sich der Teig vom Papier löst.
**6.** Die Doughnuts in 180° C heißem Fett etwa 4 Minuten ausbacken. Abtropfen lassen und mit Puderzucker bestäubt servieren.

**Backzeit:** etwa 4 Minuten
**Temperatur:** 180° C

# Räderkuchen

Für 4 Personen

| |
|---|
| 150 g Margarine |
| 75 g Zucker |
| 1 P. Vanillezucker |
| geriebene Schale von 1 unbehandelten |
| Zitrone |
| 2 Eier |
| 125 g Stärkemehl |
| 375 g Mehl |
| 3 TL Backpulver |
| 4 EL Milch |
| Puderzucker zum Bestäuben |

**1.** Margarine, Zucker, Vanillezucker, Zitronenschale und die Eier mit dem Handrührgerät schaumig schlagen.
**2.** Stärkemehl, Mehl und Backpulver mischen und mit der Milch zu der Eimasse geben. Alles gut verrühren, den Teig zum Schluß kräftig durchkneten.
**3.** Den Teig ½ cm dick ausrollen. Aus dem Teig lange Streifen schneiden. Die Streifen so unterteilen, daß schmale Parallelogramme von etwa 10 cm Länge entstehen. Diese in der Mitte einschneiden und eine Spitze durch den Einschnitt ziehen.
**4.** Die Räderkuchen in 180°C heißem Fett schwimmend 4 bis 5 Minuten goldgelb ausbacken. Abtropfen lassen und mit Puderzucker bestäuben.

**Backzeit:** 4 bis 5 Minuten
**Temperatur:** 180°C

# Butterschleifen

Für 4 Personen

| |
|---|
| 150 g Butter |
| 150 g Zucker |
| 3 Eier |
| ½ EL Sahne |
| ½ EL Rum |
| abgeriebene Zitronenschale |
| 600 g Mehl |
| 2 TL Backpulver |
| Puderzucker zum Bestäuben |

**1.** Die Butter in einem Topf zerlassen. Den Zucker, die Eier, die Sahne, den Rum und die Zitronenschale dazugeben und kräftig schlagen.
**2.** Das Mehl mit dem Backpulver mischen und nach und nach unterrühren. Den Teig gut durchkneten.
**3.** Den Teig ausrollen. Streifen von etwa 15 cm Länge und 2 cm Breite ausschneiden.
**4.** Diese zu Schleifen knoten und in 180°C heißem Fett etwa 4 bis 5 Minuten ausbacken. Abtropfen lassen und mit Puderzucker bestäuben.
(Farbtafel 8, siehe Seite 65)

**Backzeit:** 4 bis 5 Minuten
**Temperatur:** 180°C

## Prillecken

Für 4 Personen

| |
|---|
| 500 g Mehl |
| 40 g Hefe |
| gut 1/8 l Milch |
| 50 g Zucker |
| 1/2 TL Salz |
| 2 Eier |
| 40 g Mandeln |
| 8 EL Öl |
| grober Zucker |

**1.** Das Mehl in eine Schüssel geben. In die Mitte eine Mulde drücken und die Hefe hineinbröckeln.
**2.** Die Hefe mit der lauwarmen Milch, etwas Zucker und Mehl zu einem Vorteig verrühren. Etwa 15 Minuten gehen lassen.
**3.** Nun den Vorteig mit dem restlichen Zucker, dem Salz, den Mandeln, dem Öl und dem Mehl gut mischen und zu einem geschmeidigen Teig verkneten. Den Teig gehen lassen, bis sich der Umfang etwa verdoppelt hat.
**4.** Den Hefeteig gut 1/2 cm dick ausrollen und runde Plätzchen von 7 cm Durchmesser ausstechen.
**5.** Aus der Mitte je ein kleines Plätzchen von etwa 2 cm Durchmesser ausstechen, so daß ein Ring entsteht.
**6.** Die Ringe etwas gehen lassen und schwimmend in 180° C heißem Fett 4 bis 5 Minuten ausbacken. Abtropfen lassen und in Zucker wälzen.

**Backzeit:** 4 bis 5 Minuten
**Temperatur:** 180° C

## Goldbällchen

Für 4 Personen

| |
|---|
| 100 g Butter |
| 1/4 l Wasser |
| 1 Prise Salz |
| 1 EL Zucker |
| 150 g Mehl |
| 6 Eier |
| Puderzucker zum Bestäuben |

**1.** Butter, Wasser, Salz und Zucker zum Kochen bringen.
**2.** Das Mehl auf einmal dazuschütten und den Teig abbrennen. Dabei so lange rühren, bis sich der Teig vom Topfboden löst.
**3.** Den Topf von der Kochstelle nehmen und die Eier nacheinander unterrühren.
**4.** Mit einem Eßlöffel walnußgroße Portionen abstechen und mit einem zweiten Eßlöffel den Teig in das 180° C heiße Fett abstreifen. Etwa 4 Minuten ausbacken. Nach 3 Minuten die Bällchen wenden.
**5.** Das Gebäck abtropfen lassen und mit Puderzucker bestäuben.

**Backzeit:** etwa 4 Minuten
**Temperatur:** 180° C

# Pikante Soßen

## Pikante Soße

Für 4 Personen

- 4 hart gekochte Eigelb
- 4 EL Rotwein
- 4 EL Öl
- 1 EL Senf
- Saft von 1 Zitrone
- Pfeffer
- Salz
- 1 Prise Zucker

**1.** Die Eigelbe durch ein Sieb streichen und mit dem Rotwein und dem Öl gut verquirlen.
**2.** Mit Senf, Zitronensaft und den Gewürzen abschmecken.

## Schwedische Soße

Für 4 Personen

- 2 EL Mayonnaise
- 1 EL Apfelmus
- 1 TL geriebener Meerrettich
- Zitronensaft
- Salz, Pfeffer

**1.** Die Mayonnaise mit dem Apfelmus und dem Meerrettich gut verrühren.
**2.** Die Soße mit Zitronensaft, Salz und Pfeffer abschmecken.

## Teufelsoße

Für 4 Personen

- 1 Zwiebel
- 1 Gläschen Oliven
- 3 EL Öl
- 4 EL Tomatenketchup
- Salz
- Cayennepfeffer
- 2 TL Weinbrand
- Petersilie
- Dill

**1.** Die Zwiebel schälen und fein hakken. Die Oliven in feine Scheiben schneiden.
**2.** Das Öl mit dem Ketchup gut verrühren und die Zwiebel und die Oliven hinzufügen.
**3.** Mit dem Weinbrand aromatisieren und mit Salz und Pfeffer pikant abschmecken.
**4.** Zum Schluß die gehackten Kräuter unterrühren.
Die Teufelsoße schmeckt ausgezeichnet zu gebratenem und fritiertem Fleisch.

## Mayonnaise

Für 6–8 Personen

| |
|---|
| 2 Eigelb |
| 1 TL Senf |
| Saft von 1/2 Zitrone |
| Salz |
| weißer Pfeffer |
| 1/4 l Öl |

**1.** Die Eigelbe mit dem Schneebesen kräftig verschlagen. Senf, Zitronensaft, 1/2 TL Salz und etwas Pfeffer dazugeben. Alles gut miteinander verquirlen.
**2.** Nun tropfenweise das Öl unterschlagen. Erst wenn das Fett ganz von der Eimasse aufgenommen ist, neues hinzufügen.
**3.** Wenn die Mayonnaise anfängt steif zu werden, das Öl erst teelöffel-, dann eßlöffelweise, schließlich in dünnem Strahl dazugießen und unterschlagen.
**4.** Nach Geschmack mit Senf, Salz und Zitronensaft abschmecken. Wenn die Mayonnaise zu fest ist, etwas Essig unterziehen.

### Tip

Falls die Mayonnaise gerinnt, wieder von vorn anfangen. 2 frische Eigelb verquirlen und die Ei-Öl-Masse ganz behutsam nach und nach unterschlagen.

## Grüne Soße

Für 4 Personen

| |
|---|
| 1/4 l saure Sahne |
| 1–2 EL Milch |
| Saft von 1/2 Zitrone |
| 1 EL Senf |
| Salz |
| Pfeffer |
| 2 gekochte Eier |
| 1 Gewürzgurke |
| 1 Zwiebel |
| 2 EL frische Kräuter – je nach Jahreszeit |

**1.** Die saure Sahne mit Milch und Zitronensaft aufschlagen.
**2.** Mit den Gewürzen abschmecken. Kräuter fein wiegen.
**3.** Die Eier schälen und fein hacken. Die Gewürzgurke in feine Würfel schneiden.
**4.** Die Zwiebel schälen und fein hacken.
**5.** Die Sahne mit den vorbereiteten Zutaten gut mischen. Die Soße gut gekühlt servieren.

Farbtafel 7
Gebackene Auberginen mit Tomaten und Panierte Lauchstangen
(Rezepte Seite 45 und 48)

## Paprikasahnesoße

Für 4 Personen

- 1 große Zwiebel
- 20 g Fett
- 20 g Mehl
- 1 EL Paprikamark
- ¼ l Brühe
- 1 Paprikaschote
- Salz
- Cayennepfeffer
- Paprika
- evtl. Zucker
- ⅛ l Sahne

**1.** Die Zwiebel schälen, fein würfeln und in Fett glasig dünsten. Dann das Mehl hinzufügen und hellgelb anschwitzen.
**2.** Das Paprikamark dazugeben und anschließend nach und nach die Brühe unterrühren.
**3.** Die Paprikaschote waschen, putzen, entkernen, in feine Würfel schneiden und dazugeben. Das Ganze etwa 15 Minuten durchkochen lassen.
**4.** Mit den Gewürzen abschmekken. Die Soße vom Herd nehmen und die geschlagene Sahne vorsichtig unterziehen.

Farbtafel 8
Ausgebackene Kirschen und Butterschleifen
(Rezepte Seite 52 und 61)

## Kalifornische Soße

Für 4 Personen

- 1 EL Tomatenketchup
- 4 EL Sahne
- 1 EL Öl
- Zitronensaft
- Salz, Pfeffer
- Zucker
- Worcestersoße

**1.** Den Tomatenketchup mit der Sahne und dem Öl gut verrühren.
**2.** Den Zitronensaft dazugeben und mit Salz, Pfeffer und Zucker würzen.
**3.** Mit einem Schuß Worcestersoße pikant abschmecken.

## Gebundene Weinsoße

Für 4 Personen

- 30 g Fett
- 1 kleine Zwiebel
- 20 g Mehl
- ½ Tasse Sherry
- 2 EL Tomatenketchup
- 1 EL Zitronensaft
- Salz, Zucker

**1.** Die Zwiebel schälen und in feine Würfel schneiden.
**2.** Die Zwiebelwürfel in Fett glasig dünsten, mit Mehl bestäuben, alles kräftig durchschwitzen.
**3.** Mit Sherry auffüllen und mit Tomatenketchup, Zitronensaft, Salz und Zucker abschmecken.
**4.** Die Soße durchkochen lassen.

## Helle Soße (Grundrezept)

Für 4 Personen

| |
|---|
| 30 g Butter |
| 30 g Mehl |
| 1/4 l Fleischbrühe |
| 1/4 l Milch |
| Salz |
| Pfeffer |
| Muskat |

**1.** Die Butter in einem Topf schmelzen lassen. Das Mehl hinzufügen und hellgelb anschwitzen.
**2.** Nun unter ständigem Rühren die Fleischbrühe und die Milch dazugießen. Zunächst nur etwas Flüssigkeit dazugießen und glattrühren. Weitere Flüssigkeit nachgießen und wieder glattrühren.
**3.** Die Soße auf kleinster Stufe etwa 10 Minuten köcheln lassen, dabei einige Male durchrühren. Mit Pfeffer, Salz und Muskat abschmecken.

### Tip

Sie können die Soße auch mit einem Eigelb legieren. Dafür einige Eßlöffel der Soße mit dem Eigelb in einer Tasse verrühren und dann zurück in die Soße geben. Die Soße anschließend nicht mehr kochen lassen.

## Kapernsoße

Für 4 Personen

| |
|---|
| 1 Grundrezept Helle Soße (Seite 66) |
| 1 Eigelb oder |
| 2 EL Mayonnaise |
| 1 Röhrchen Kapern |
| Zucker |
| Zitronensaft |

**1.** Die Helle Soße nach Anleitung des Grundrezepts zubereiten.
**2.** Die Soße mit dem Eigelb oder der Mayonnaise verfeinern. Die Kapern unterrühren.
**3.** Mit Zucker und Zitronensaft abschmecken.

## Käsesoße

Für 4 Personen

| |
|---|
| 1 Grundrezept Helle Soße (Seite 66) |
| 100 g Schmelzkäse oder geriebener Käse |
| 1 Pfefferschote |

**1.** Die Helle Soße nach Anleitung des Grundrezepts zubereiten.
**2.** Den Käse in kleine Stücke schneiden und in die Soße geben. So lange rühren, bis sich der Käse mit der Soße glatt verbunden hat.
**3.** Die Pfefferschote fein hacken und die Käsesoße damit pikant abschmecken.

## Senfsoße mit Kapern

Für 4 Personen

- 1 Grundrezept Helle Soße (Seite 66)
- 1 EL Senf
- 1 Röhrchen Kapern
- einige Tropfen Zitronensaft oder
- 1 Schuß trockener Weißwein

**1.** Die Helle Soße nach Anleitung des Grundrezepts zubereiten.
**2.** Den Senf und die Kapern in die Soße geben und verrühren.
**3.** Die Soße mit einigen Tropfen Zitronensaft oder einem Schuß Weißwein verfeinern.

### Tip

Kapern sind die erbsengroßen, grünbraunen Knospen des Kapernstrauches, der in Südeuropa heimisch ist. Die Knospen werden in Salzlösung, Essig oder Öl konserviert. Sie sind von würzig-pikantem Geschmack und werden im Handel (nach Größe unterteilt) in 5 Qualitätsstufen angeboten, wobei die ganz kleinen Kapern am wertvollsten sind. Als Würzzutat für Suppen und Soßen sind Kapern sehr beliebt.

## Tomaten-Basilikum-Soße

Für 4 Personen

- 1 Zwiebel
- 1 Knoblauchzehe
- 1 EL Olivenöl
- 750 g reife Tomaten
- 1 Lorbeerblatt
- 1 großer Zweig Thymian
- Salz
- Pfeffer
- ½ Bund Petersilie
- ½ Bund Basilikum

**1.** Die Zwiebel schälen und in Scheiben schneiden. Die Knoblauchzehe schälen und zerdrücken. Beides in Olivenöl andünsten.
**2.** Die Tomaten waschen, in Würfel schneiden und dazugeben. Mit dem Lorbeerblatt, dem Thymian, Salz und Pfeffer würzen. Das Ganze 10 bis 15 Minuten kochen lassen.
**3.** Die Soße durch ein Sieb streichen und mit den fein gehackten Kräutern gut mischen.

## Lebersoße

Für 4 Personen

- 2 Zwiebeln
- 30 g Fett
- 250 g Kalbsleber
- 1 TL Tomatenmark
- 30 g Mehl
- ½ l Wasser
- etwas Basilikum
- Salz
- 2 EL Mayonnaise

**1.** Die Zwiebeln schälen, fein würfeln und in Fett anbräunen.
**2.** Die Leber in sehr feine Streifen schneiden und kurz mitbraten.
**3.** Tomatenmark und Mehl dazugeben, durchschwitzen lassen, mit Wasser auffüllen und mit Basilikum und Salz gewürzt 15 Minuten durchkochen.
**4.** Dann die Soße mit der Mayonnaise verschlagen und gut abschmecken.

## Currysoße

Für 4 Personen

- 2 große Zwiebeln
- 1 Knoblauchzehe
- 2 Lorbeerblätter
- 1 EL gehacktes Basilikum
- 2 EL Fett
- ¼ l milde Fleischbrühe
- 4 EL Curry
- 2 EL geriebene Schale einer unbehandelten Zitrone
- 3 EL saure Sahne
- 5 cl trockener Sherry

**1.** Die Zwiebeln und die Knoblauchzehe schälen und fein hacken.
**2.** Beides in dem Fett mit den Lorbeerblättern und dem Basilikum glasig dünsten und mit der Brühe ablöschen.
**3.** Den Curry und die Zitronenschale hinzufügen und alles etwa 5 Minuten leicht kochen lassen.
**4.** Die saure Sahne mit dem Sherry vermischen und unter die Soße rühren.

## Holländische Soße

Für 4–6 Personen

- 4 Eigelb
- 1 TL Weinessig
- 3 EL Wasser
- 150 g Butter
- ½ TL Salz
- 1 Msp. Zucker
- 1 Msp. weißer Pfeffer
- Saft von ½ Zitrone

**1.** Die Eigelbe mit dem Essig und dem Wasser in einer Schüssel schaumig schlagen.
**2.** Im heißen Wasserbad mit einem Schneebesen behutsam rühren, bis die Masse mehr Widerstand bietet und gebunden ist.
**3.** Die flüssige, lauwarme Butter löffelweise dazugeben und gut verrühren.
**4.** Die Soße mit den Gewürzen und dem Zitronensaft abschmecken.

## Meerrettichsoße

Für 4 Personen

- 1 kleine Zwiebel
- 30 g Butter
- 30 g Mehl
- ¼ l Wasser
- ¼ l Milch
- geriebener Meerrettich nach Geschmack
- 50 g Mayonnaise
- Salz
- Zucker

**1.** Die Zwiebel schälen, fein würfeln und in der Butter andünsten. Mit Mehl überstäuben und kurz durchschwitzen lassen.
**2.** Mit Wasser ablöschen und die Milch nach und nach unterrühren. Die Soße 5 bis 10 Minuten durchkochen lassen.
**3.** Die Soße von der Kochplatte nehmen und den Meerrettich und die Mayonnaise unterrühren. Pikant mit Salz und Zucker abschmecken.

# Süße Soßen

## Orangensoße

Für 4 Personen

| |
|---|
| 4 Orangen |
| 1 Zitrone |
| 100 g Zucker |
| 4 EL Grand Marnier |

**1.** Die Orangen und die Zitrone auspressen und den Saft durch ein Sieb gießen.
**2.** Den Fruchtsaft mit dem Zucker leicht sämig einkochen, abkühlen lassen und den Grand Marnier unterrühren.

### Tip

Statt die Orangensoße einzukochen, können Sie die Soße auch mit etwas Speisestärke leicht binden.

## Orangenschaumsoße

Für 4 Personen

| |
|---|
| 1/8 l Weißwein |
| Saft von 2 Orangen |
| Saft von 1 Zitrone |
| geriebene Schale von 1/2 unbehandelten Zitrone |
| 50 g Zucker |
| 2 Eier |
| 2 TL Speisestärke |
| 1 Schuß Rum |

**1.** Den Weißwein mit dem Orangensaft, dem Zitronensaft, der Orangenschale, dem Zucker, den Eiern und der Speisestärke in einen hohen Topf geben und kräftig schlagen.
**2.** Das Ganze langsam erhitzen und so lange schlagen, bis die Soße gerade zum Kochen kommt.
**3.** Den Topf sofort von der Kochstelle nehmen. Die Orangenschaumsoße mit Rum verfeinern und sofort servieren.

## Weinschaumsoße

Für 4 Personen

- 2 Eier
- 50 g Zucker
- 2 TL Speisestärke
- 1/4 l Weißwein
- geriebene Schale einer unbehandelten Zitrone
- 2 EL Zitronensaft

**1.** Alle Zutaten in einem hohen Topf mit einem Handrührgerät bei geringer Hitze so lange verrühren, bis die Masse hochsteigt und dicklich wird.
**2.** Die Soße kann warm oder kalt gereicht werden.

## Heidelbeersoße

Für 4 Personen

- 2 EL Heidelbeeren
- 3/8 l Wasser
- Zucker nach Geschmack
- 2 EL Speisestärke
- 1/8 l Rotwein

**1.** Die Heidelbeeren waschen und verlesen. Mit dem Wasser aufkochen lassen und mit Zucker süßen.
**2.** Die Speisestärke mit etwas Wasser glattrühren und die Soße damit binden.
**3.** Den Rotwein hinzufügen und die Soße noch einmal kurz aufwallen lassen.

## Vanillesoße

Für 4 Personen

- 1 Vanilleschote
- 2 EL Zucker
- 1/4 l Sahne
- 2 Eigelb

**1.** Die Vanilleschote aufschneiden und das Mark herauskratzen.
**2.** Die Vanilleschote mit dem Mark, dem Zucker und der Sahne vermischen, aufkochen und 5 Minuten ziehen lassen. Dann die Vanilleschote herausnehmen.
**3.** Die Eigelbe verquirlen und mit dem Schneebesen in die Sahne einrühren.
**4.** Die Masse langsam bis kurz vor dem Siedepunkt erhitzen und mit dem Schneebesen schlagen, bis die Soße dickflüssig wird.
**5.** Man kann die Soße warm oder kalt servieren. Die Vanillesoße unter wiederholtem Umrühren erkalten lassen.

### Tip

Die Vanillesoße können Sie auch mit etwas Speisestärke leicht binden.

## Fruchtsoße

Für 4 Personen

| |
|---|
| 250 g Früchte |
| 1 bis 2 EL Honig oder Zucker |
| Mark von 1/4 Vanilleschote |
| 125 g Sahne |

**1.** Die Früchte verlesen oder putzen, waschen und pürieren.
**2.** Mit dem Honig und dem Vanillemark abschmecken.
**3.** Die Sahne leicht anschlagen und unter das Fruchtpüree ziehen.

## Erdbeermark

Für 4 Personen

| |
|---|
| 300 g Erdbeeren |
| 1/2 Zitrone |
| 70 g Puderzucker |

**1.** Die Erdbeeren kalt abspülen und die Stielansätze entfernen.
**2.** Die Zitrone auspressen, den Saft mit dem Puderzucker verrühren und zu den Erdbeeren geben.
**3.** Mit dem Pürierstab des Handrührgerätes fein pürieren und anschließend abschmecken.

## Aprikosensoße

Für 4 Personen

| |
|---|
| 1 kleine Dose Aprikosen |
| 1/8 l Sahne |
| 2 P. »Sahnesteif« |
| 1 EL Zucker |
| 2 EL Apricot Brandy |

**1.** Die Aprikosen auf ein Sieb zum Abtropfen geben.
**2.** Die Früchte im Mixer pürieren, die Sahne sowie Sahnesteif und Zucker zufügen.
**3.** Die Aprikosensahne aufschlagen. Wenn sie beginnt dicklich zu werden, den Brandy zufügen.

## Rotweinsoße

Für 4 Personen

| |
|---|
| 1/2 l leichter Rotwein |
| 2 Nelken |
| 1 Stück Stangenzimt |
| etwas abgeriebene Schale einer |
| unbehandelten Orange |
| 50 g Zucker |
| 1 EL Zitronensaft, 1 EL Speisestärke |

**1.** Den Rotwein mit den Nelken, dem Zimt, der Orangenschale, dem Zucker und dem Zitronensaft zum Kochen bringen.
**2.** Die Speisestärke mit etwas Wasser glattrühren und die Soße damit binden.
**3.** Durch ein Sieb gießen und zu ausgebackenen Birnen servieren.

## Karamelsoße

Für 4 Personen

| |
|---|
| 100 g Zucker |
| 1/8 l Wasser |
| 1/2 l Milch |
| 1/2 Stange Vanille |
| 2 EL Speisestärke |
| 1 Eigelb |

**1.** Den Zucker im offenen Topf gut bräunen. Mit kochendem Wasser ablöschen.
**2.** Wenn sich der Zucker ganz gelöst hat, mit heißer Milch, 2 EL kalte Milch zurücklassen, auffüllen. Die Vanillestange längs halbieren, das Vanillemark ausschaben und zur Soße geben.
**3.** Die Speisestärke mit dem Eigelb und 2 EL Milch verrühren. Die Soße damit binden und nochmals kurz aufkochen lassen.

## Backobstsoße

Für 4 Personen

| |
|---|
| 1 Zwiebel |
| 20 g Fett |
| 125 g getrocknete Aprikosen |
| 125 g getrocknete Pflaumen ohne Stein |
| 1/2 l Wasser |
| 1/4 l Rotwein |
| 2 EL Zucker |
| Speisestärke zum Binden |
| 1 Tütchen Mandelblättchen |

**1.** Die Zwiebel schälen und fein würfeln. In Fett glasig dünsten.
**2.** Die Aprikosen und die Pflaumen hinzufügen und mit Wasser sowie Wein auffüllen.
**3.** Zuckern und das Ganze etwa 20 Minuten bei geringer Hitze kochen lassen.
**4.** Die Speisestärke mit etwas Wasser glattrühren und die Soße damit binden. Mit Mandelblättchen bestreut servieren.

# Salate zu Fritiertem

## Artischockensalat

Für 4 Personen

- 8–10 Artischockenböden
- 2 Orangen
- 3 EL Orangensaft
- Salz
- Zucker
- 2 EL Weinessig
- 1 EL gehackte Petersilie
- 1 EL fein geschnittener Schnittlauch
- 2 hart gekochte Eier
- 1 große Zwiebel
- 2 cl Weinbrand
- 1 EL Mandelblättchen
- 3 EL Remouladensoße

**1.** Die Artischockenböden in Streifen schneiden. Die Orangen filetieren und in kleine Stücke schneiden. Beides in eine Schüssel geben.
**2.** Den Orangensaft mit Salz, Zucker und Essig verrühren. Die Kräuter hinzufügen. Die Eier schälen, fein hacken und unter die Marinade mischen.
**3.** Die Artischockenböden und die Orangen mit der Marinade übergießen und etwa 1 Stunde ziehen lassen.
**4.** Inzwischen die Zwiebel schälen und fein hacken. Mit dem Weinbrand, den Mandeln und der Remouladensoße vermischen.
**5.** Den Salat mit der Soße mischen und sofort servieren.

## Amerikanischer Kopfsalat

Für 4 Personen

- 1 großer Kopfsalat
- 1 Orange
- 2 Scheiben Ananas
- 1 EL Orangensaft
- 1 EL Zitronensaft
- Salz
- Pfeffer
- 1 Prise Zucker
- 2–3 EL Öl

**1.** Den Salat putzen, waschen und die großen Blätter zerpflücken.
**2.** Orange schälen, in Würfel schneiden, ebenso die Ananasscheiben.
**3.** Aus den übrigen Zutaten eine Marinade rühren.
**4.** Die Salatzutaten in eine große Schüssel geben. Mit der Marinade übergießen, mischen und sofort servieren.

## Rotkrautsalat

Für 4 Personen

- 300 g Rotkraut
- 4 Äpfel
- 5 EL Öl
- 3 EL Essig
- 1 EL Honig
- gemahlene Nelken
- Salz
- Zucker

**1.** Das Rotkraut putzen, in Viertel schneiden, fein hobeln und gut stampfen.
**2.** Die Äpfel waschen, eventuell schälen, grob raspeln und mit dem Kohl vermischen.
**3.** Für die Marinade die übrigen Zutaten verrühren.
**4.** Den Rotkrautsalat mit der Marinade übergießen und gut durchziehen lassen.

## Serbischer Salat

Für etwa 4 Personen

- 200 g grüne Paprikaschoten
- 200 g rote Paprikaschoten
- 200 g Äpfel
- 125 g Staudensellerie
- 5 EL Öl
- 2 EL Essig
- 1 geschälte Zwiebel
- Salz
- Zucker
- Pfeffer

**1.** Die Paprikaschoten waschen, putzen und in Streifen schneiden.
**2.** Die Äpfel waschen, eventuell schälen und groß raspeln.
**3.** Den Sellerie putzen, waschen und in feine Stücke schneiden.
**4.** Die Salatzutaten in einer Schüssel mischen.
**5.** Aus den übrigen Zutaten eine Soße rühren und den Salat damit übergießen; gut durchziehen lassen.

## Kohlrabisalat

Für 4 Personen

- 3 Knollen Kohlrabi
- 2 Bund Radieschen
- 2 EL Zitronensaft
- 1 EL Zucker
- 1 EL Öl
- Salz
- Pfeffer
- 1 Becher Joghurt
- 2 EL Mayonnaise
- 2 EL Sahne
- Zucker
- Paprika
- Senf
- 50 g Kresse

**1.** Die Kohlrabi schälen, waschen, in dünne Stifte schneiden.
**2.** Die Radieschen putzen, waschen und dann in Scheiben schneiden.
**3.** Den Zitronensaft mit 2 EL Wasser, Zucker, Salz, Pfeffer und Öl verrühren und mit dem Gemüse vermischen.
**4.** Den Kohlrabisalat auf einer Platte anrichten.
**5.** Aus Joghurt, Mayonnaise, Sahne, Zucker, Paprika und Senf eine Creme rühren.
**6.** Die Creme als Klecks auf den Salat geben. Mit der Kresse garnieren.

## Gemischter Gemüsesalat

Für 4 Personen

- 1 Tasse junge Bohnen
- 1 Tasse junge Erbsen
- 1 große Zwiebel
- 1 Paprikaschote
- 4 gekochte Kartoffeln
- 2 hart gekochte Eier
- 1 Becher saure Sahne
- Weinessig
- Öl
- Salz
- Pfeffer
- Estragon
- Pimpinelle
- 2 Salatherzen

**1.** Die Bohnen waschen, putzen und in wenig Salzwasser bißfest dünsten. Anschließend abgießen und abkühlen lassen.
**2.** Die Erbsen waschen und in wenig Salzwasser kurz dünsten. Abgießen und abkühlen lassen.
**3.** Inzwischen die Zwiebel schälen und in feine Ringe schneiden. Die Paprika waschen, putzen und in feine Streifen schneiden.
**4.** Die Kartoffeln in Würfel schneiden. Die Eier schälen und ebenfalls fein würfeln.
**5.** Aus Sahne, Essig, Öl und den Gewürzen und den Kräutern eine Marinade rühren und über die Salatzutaten gießen.
**6.** Zum Schluß die Salatherzen putzen, waschen, in Streifen schneiden und unter den Salat heben.

## Blumenkohlrohkost

Für 4 Personen

| |
|---|
| 1 Blumenkohl |
| 250 g Möhren |
| 125 g TK-grüne Erbsen |
| ¼ l Sahne |
| 2 EL Zitronensaft |
| 1 EL Mayonnaise |
| Pfeffer |
| Salz |
| Muskat |
| gemischte gehackte Kräuter |

**1.** Den Blumenkohl putzen, waschen und zerteilen. Die Möhren schälen und zusammen mit dem Blumenkohl grob raspeln.
**2.** Beides mit den aufgetauten Erbsen in einer Schüssel gut mischen.
**3.** Die Sahne mit dem Zitronensaft, der Mayonnaise und den Gewürzen verrühren und leicht schaumig schlagen.
**4.** Das Gemüse mit der Soße übergießen und die fein gehackten Kräuter darüberstreuen.

## Frühlingssalat

Für 4 Personen

| |
|---|
| 2 Möhren |
| 2 Kohlrabi |
| 1 kleine Salatgurke |
| 250 g Tomaten |
| einige Radieschen |
| 50 g Kresse |
| 1 kleine Zwiebel |
| 1 Becher Joghurt |
| 1 EL Öl |
| 1 EL Essig |
| 1 EL Tomatenketchup |
| etwas Salz |
| 50 g Kresse für den Salatteller |

**1.** Die Möhren und Kohlrabi schälen, waschen und grob raspeln.
**2.** Die Gurke, die Tomaten, die Radieschen waschen und in Scheiben schneiden.
**3.** Die Kresse waschen und abtropfen lassen. Die Zwiebel schälen und fein hacken.
**4.** Aus den übrigen Zutaten eine pikante Salatsoße herstellen und über die Salatzutaten gießen, gut vermischen.
**5.** Einen Salatteller mit Kresse auslegen und den angemachten Salat darauf anrichten.

## Maissalat mit Bohnen und Gurken

Für 4 Personen

- 1 kleine Dose grüne Bohnen
- 1 Dose Maiskörner
- 250 g Tomaten
- ½ Gurke
- 1 Zwiebel
- 250 g Hummerkrabben
- 2 EL Weinessig
- 3 EL Öl
- Salz
- Pfeffer
- gehackte Petersilie

**1.** Die Bohnen und den Mais auf ein Sieb zum Abtropfen geben.
**2.** Die Tomaten überbrühen, enthäuten und entkernen. Das Tomatenfleisch in Streifen schneiden.
**3.** Die Gurke schälen und in dünne Scheiben schneiden. Die Zwiebel schälen und fein hacken. Alles mit den Hummerkrabben leicht mischen.
**4.** Aus Essig, Öl und den Gewürzen eine Marinade rühren. Über die Salatzutaten geben. Gut vermischen und 30 Minuten ziehen lassen, mit Petersilie garniert anrichten.

## Rohkostsalat mit Möhren, Ananas und Chicorée

Für 4 Personen

- 250 g Möhren
- 3 Scheiben Ananas
- 3 Chicoréestauden
- 1 Becher Joghurt
- 2 EL Öl
- Saft von einer Zitrone
- Salz
- Pfeffer

**1.** Die Möhren schälen und fein raspeln. Die Ananas in kleine Stücke schneiden.
**2.** Die Chicoréestauden putzen, waschen, halbieren und den bitteren Kern entfernen. Den Chicorée in feine Ringe schneiden. Sofort mit Zitronensaft beträufeln.
**3.** Möhren, Chicorée und Ananas in einer großen Schüssel mischen.
**4.** Für die Soße den Joghurt mit Öl und Zitronensaft verrühren. Mit Salz und Pfeffer abschmecken.
**5.** Die Soße kurz vor dem Servieren über den Salat geben.

## Pilzsalat mit Gurken und Reis

Für 4 Personen

- 150 g Pfifferlinge
- 2 Gewürzgurken
- 1 Tasse gekochter Reis
- 2 EL Öl
- 1 EL Zitronensaft
- 1 Prise Salz
- Cayennepfeffer

**1.** Die Pfifferlinge putzen und je nach Größe klein schneiden. Die Gurken fein würfeln.
**2.** Öl, Zitronensaft und Salz dicklich rühren.
**3.** Die Pilze, Gurken und den Reis in die Soße geben und gut verrühren. Mit Cayennepfeffer abschmecken. Der Salat muß einige Stunden durchziehen.

## Holländischer Blumenkohlsalat

Für 4 Personen

- 1 Blumenkohl
- Salzwasser
- 1 EL Zitronensaft
- 125 g Chesterkäse
- 1 kleines Glas Mixed Pickles
- 4 Scheiben gekochten Schinken
- 3 Tomaten
- 100 g Mayonnaise
- Curry
- Salz
- Zucker
- 2 EL Joghurt
- fein geschnittener Schnittlauch

**1.** Den Blumenkohl putzen, waschen und in Röschen teilen. Blumenkohlröschen in wenig Salzwasser garen, anschließend mit Zitronensaft marinieren.
**2.** Käse, Mixed Pickles und Schinken in Würfel schneiden und mit dem Blumenkohl mischen. Die Tomaten waschen und in Würfel schneiden.
**3.** Die Mayonnaise glattrühren und mit den Gewürzen abschmecken.
**4.** Den Salat mit der Mayonnaise mischen und mit Schnittlauch bestreut servieren.

## Sojasprossensalat mit Krabben

Für 4 Personen

| |
|---|
| 250 g frische Sojasprossen |
| 1 kleines P. TK-Erbsen |
| 1 EL Butter |
| 250 g Krabbenfleisch |
| 2 EL Öl |
| 1 EL Zitronensaft |
| 1 EL Sojasoße |
| 1 Messerspitze Ingwerpulver |

**1.** Die Sojasprossen kurz abbrausen, eventuell mit kochendem Wasser übergießen und anschließend kalt abspülen.
**2.** Die Erbsen in wenig Wasser bißfest garen und mit etwas Butter durchschwenken, abkühlen lassen.
**3.** Die Sojasprossen mit den Erbsen und den Krabben mischen.
**4.** Öl, Zitronensaft, Sojasoße und Ingwer verquirlen und über den Salat geben.

## Spargel-Eier-Salat

Für 4 Personen

| |
|---|
| 500 g frischer, gekochter Spargel oder |
| 1 Dose Spargelabschnitte |
| 3 hart gekochte Eier |
| 1 Gewürzgurke |
| Dill, Kerbel, Petersilie |
| 4 EL Öl |
| 2 EL Essig |
| 1 EL Sahne |
| Salz |
| Zucker |
| Pfeffer |
| Paprika |
| 1 Knoblauchzehe |

**1.** Den Spargel abtropfen lassen. Die Eier schälen, in Achtel teilen und die Gewürzgurke in dünne Scheiben schneiden.
**2.** Die Kräuter fein hacken und alle Zutaten vorsichtig mischen.
**3.** Aus Öl, Essig, Sahne und den Gewürzen eine Salatsoße rühren.
**4.** Die Salatzutaten damit übergießen, den Salat sofort servieren.

## Kartoffelsalat »Exquisit«

Für 4 Personen

- 750 g gekochte Pellkartoffeln
- 2 Orangen
- 250 g Sellerieknolle
- etwas Zitronensaft
- 50 g Mayonnaise
- Zitronensaft
- 1 Prise Zucker
- Salz
- Pfeffer
- 5 EL Joghurt

**1.** Die Kartoffeln schälen und in Scheiben schneiden.
**2.** Die Orangen filetieren und die Spalten in feine Würfel schneiden.
**3.** Den Sellerie schälen und fein würfeln. Mit Zitronensaft beträufeln, damit der Sellerie nicht braun wird.
**4.** Die Mayonnaise mit dem Joghurt glattrühren und anschließend mit Zitronensaft, Zucker, Salz und Pfeffer abschmecken.
**5.** Den Salat mit der Soße übergießen und gut mischen.

## Chicoréesalat

Für 4 Personen

- 500 g Chicoréestauden
- 1 Banane
- 2 Äpfel
- 2 Orangen
- 4–6 EL Zitronensaft
- 1 Becher Joghurt
- 2 EL saure Sahne
- Salz
- Pfeffer

**1.** Die Chicoréestauden putzen, waschen, halbieren und das bittere Ende keilförmig herausschneiden. Den Chicorée in feine Streifen schneiden.
**2.** Das Obst schälen und in Würfel schneiden. Mit den Chicoréestreifen mischen.
**3.** Aus den übrigen Zutaten eine Marinade rühren.
**4.** Den Salat mit der Marinade übergießen und gut gekühlt servieren.

## Waldorfsalat

Für 4 Personen

| |
|---|
| 300 g Sellerieknolle |
| 300 g Äpfel |
| Saft von 1 Zitrone |
| Selleriesalz |
| 1 TL Zucker |
| Salz |
| Pfeffer |
| 50 g Mayonnaise |
| 5 EL Joghurt |
| 100 g Walnußkerne |

**1.** Die Sellerieknolle und die Äpfel schälen und fein raspeln. Mit dem Zitronensaft beträufeln und mit den Gewürzen etwa 1 Stunde ziehen lassen.
**2.** Die Mayonnaise mit dem Joghurt glattrühren und unter den Salat heben.
**3.** Einige der Walnußkerne zum Garnieren zurücklassen. Die restlichen Kerne grob hacken.
**4.** Den Salat mit den gehackten Walnußkernen mischen und mit den zurückgelassenen Walnußhälften garnieren.

## Reissalat mit Schinken

Für 4 Personen

| |
|---|
| 3 Tassen körnig gekochter Reis |
| 1 Tasse Remouladensoße |
| 200 g magerer Räucherschinken |
| 2 Tomaten |
| 1 EL fein geschnittener Schnittlauch |
| ½ Tasse Rotwein |
| ½ Tasse gestiftelte Mandeln |
| Salz |
| Pfeffer |

**1.** Den Reis mit der Remouladensoße vermischen. Den Schinken in Streifen schneiden und unterziehen. Das Ganze etwa 20 Minuten ziehen lassen.
**2.** Die Tomaten waschen, mit kochendem Wasser überbrühen und enthäuten. Anschließend in Würfel schneiden.
**3.** Den Schnittlauch, die Tomaten, den Rotwein und die Mandeln zum Reis geben und den Salat zum Schluß mit Salz und Pfeffer abschmecken.

## Schweizer Salat

Für 4 Personen

| |
|---|
| 750 g Kartoffeln |
| 2 EL Öl |
| Salz |
| Pfeffer |
| 1 Apfel |
| 250 g gemischter Schnittkäse |
| Zitronensaft |
| 3 Gewürzgurken |
| 2 kleine Zwiebeln |
| 2 Tomaten |
| 2 Paprikaschoten |
| 100 g Schinken |
| Petersilie |
| Dill |
| Schnittlauch |
| Kerbel |
| 1/8 l Sahne |
| 1 Joghurt |
| 1 EL Senf |
| 3 Ecken Schmelzkäse |
| 2 EL Essig |
| Salz |
| Zucker |
| Pfeffer |
| Salatblätter |
| Radieschen |

**1.** Die Kartoffeln schälen und in Würfel schneiden. Anschließend mit dem Öl beträufeln und mit Salz und Pfeffer würzen.
**2.** Den Apfel schälen, vom Kerngehäuse befreien und mit dem Käse grob raspeln. Den Apfel mit Zitronensaft beträufeln, damit er nicht braun wird.
**3.** Die Gurke in feine Würfel schneiden. Die Zwiebel schälen und fein hacken.
**4.** Die Tomaten und die Paprikaschoten waschen, putzen und die Tomaten in Würfel und die Paprika in feine Streifen schneiden.
**5.** Den Schinken fein würfeln und die Kräuter fein hacken. Die vorbereiteten Zutaten in eine Schüssel geben und gut mischen.
**6.** Die Sahne mit dem Joghurt und dem Senf verrühren. Den Schmelzkäse zerdrücken, dazugeben und glattrühren. Den Essig hinzufügen und die Soße mit den Gewürzen abschmecken. Den Salat mit der Soße übergießen und mischen.
**7.** Eine Platte mit den Salatblättern auslegen, den Salat darauf anrichten und mit den Radieschen garnieren.

## Bohnensalat mit Salamiwürfeln

Für 4 Personen

- 600 g Buschbohnen
- 4 EL Öl
- 2 EL Essig
- 1 TL Senf
- 1 Zwiebel
- 2 Spritzer Tabasco
- 200 g Salami

**1.** Die Bohnen waschen, putzen und in wenig Salzwasser bißfest garen. Abgießen und abkühlen lassen.
**2.** Öl, Essig und Senf verrühren. Die Zwiebel schälen, fein hacken und dazugeben. Die Marinade mit Tabasco würzen.
**3.** Die Salami fein würfeln und mit den Bohnen in die Marinade geben. Den Salat 1 Stunde ziehen lassen und vor dem Servieren nochmals abschmecken.

## Spargelsalat »Imperial«

Für 4 Personen

- 2 Orangen
- 150 g Champignons
- 1 kleine Dose Spargel
- 100 g Mayonnaise
- 2 EL Joghurt
- Salz
- Paprika
- Curry
- Zitronensaft
- Weinbrand
- marinierte Salatblätter
- 50 g geröstete Mandelstifte

**1.** Die Orangen filetieren und in kleine Stücke schneiden. Die Champignons putzen und eventuell halbieren.
**2.** Den Spargel abtropfen lassen und in Stücke schneiden. Alle Salatzutaten in eine Schüssel geben und mischen.
**3.** Die Mayonnaise mit dem Joghurt glattrühren, würzen und den Zitronensaft sowie den Weinbrand unterrühren.
**4.** Den Salat mit der Soße übergießen und gut durchkühlen lassen. Auf den Salatblättern anrichten und mit Mandelstiften bestreut servieren.

## Andalusischer Salat

Für 4 Personen

| |
|---|
| 150 g Champignons |
| etwas Butter |
| 6 Oliven |
| 100 g gekochter Schinken |
| 1 Paprikaschote |
| 300 g körnig gekochter Reis |
| 3 EL Öl |
| 3 EL Essig |
| Salz |
| Paprika |
| 1 EL gehackte Petersilie |

**1.** Die Champignons putzen, eventuell in Scheiben schneiden und anschließend in etwas Butter kurz andünsten.
**2.** Die Oliven in Scheiben schneiden. Den Schinken fein würfeln.
**3.** Die Paprikaschote waschen, putzen und in feine Streifen schneiden. Die vorbereiteten Zutaten mit dem Reis mischen.
**4.** Aus Öl, Essig und den Gewürzen eine Marinade rühren. Den Salat mit der Marinade übergießen und mit der Petersilie bestreuen.
**5.** Den Salat gut durchziehen lassen und vor dem Servieren nochmals abschmecken.

## Selleriesalat mit Ananas

Für 4 Personen

| |
|---|
| 300 g Sellerieknolle |
| Zitronensaft |
| 1 Dose Ananas |
| 50 g gehackte Haselnüsse |
| 1/8 l Sahne |
| Pfeffer |
| Salz |
| Tomaten |
| Oliven |
| Petersilie |

**1.** Den Sellerie schälen und fein raspeln. Mit Zitronensaft beträufeln, damit der Sellerie nicht braun wird.
**2.** Die Ananasscheiben in feine Würfel schneiden und mit dem Sellerie mischen. Die Haselnüsse hinzufügen.
**3.** Die Sahne mit Salz und Pfeffer verquirlen und über den Salat geben, gut durchziehen lassen.
**4.** Den Salat mit Tomatenachteln, Oliven und Petersilie garnieren.

# Rezeptverzeichnis

# NÜTZLICHE RATGEBER

## EINE AUSWAHL

Stand: Frühjahr 1990

## Essen und Trinken

**Meine feine Bürgerliche Küche**
(**4411**-4) Von E. Falout, 160 S., 119 Farbfotos, Pappband. ●●●

**Essen in Hessen**
Spezialitäten zwischen Schwalm und Odenwald. (**0837**-X) Von R. Witt, 120 S., 10 s/w-Zeichnungen, Pappband. ●●

**Kochen für 1 Person**
Rationell wirtschaften, abwechslungsreich und schmackhaft zubereiten. (**0586**-5) Von M. Nicolin, 104 S., 8 Farbtafeln, 23 Zeichnungen, kart. ●

Schnell und individuell
**Die raffinierte Single-Küche**
(**4266**-3) Von F. Faist, 160 S., 151 Farbfotos, Pappband. ●●●

Für Kenner und Genießer **Lamm**
(**1090**-7) Von H. Imhof, 64 S., 50 Farbfotos, Pappband. ●

Frischer Fang aus Fluß und Meer **Fisch**
(**0964**-X) Von L. Grieser, 64 S., 69 Farbfotos, Pappband. ●

Edler Kern in harter Schale **Meeresfrüchte**
(**0886**-4) Von L. Grieser, 48 S., 52 Farbfotos, Pappband. ●

Gaumenfreuden Tag für Tag
**Pfannengerichte**
(**1007**-9) Von S. Fabke, 64 S., 54 Farbfotos, Pappband. ●

Von Tatar und falschen Hasen **Hackfleisch**
(**0866**-X) Von A. und G. Eckert, 64 S., 42 Farbfotos, Pappband. ●

Aus eigener Küche **Gute Wurst**
(**0948**-8) Von J. Bessel, G. Quaas, 80 S., 8 Farbtafeln, kart. ●

Aus lauter Lust und Liebe **Knoblauch**
(**0867**-8) Von L. Reinirkens, 64 S., 45 Farbfotos, Pappband. ●

Kochen und würzen mit **Knoblauch**
(**0725**-6) Von A. und G. Eckert, 96 S., 8 Farbtafeln, kart. ●

Kochen und würzen mit **Paprika**
(**0792**-2) Von A. und G. Eckert, 88 S., 8 Farbtafeln, kart. ●

Bintje, Irmgard und Sieglinde
**Kartoffeln**
(**1032**-X) Von S. Fabke, 64 S., 43 Farb- und 1 s/w-Foto, Pappband. ●

**Nudelgerichte**
– lecker, locker, leicht zu kochen. (**0466**-4) Von C. Stephan, 80 S., 8 Farbtafeln, kart. ●

Pasta in Höchstform **Nudeln**
(**0884**-8) Von M. Kirsch, 64 S., 62 Farbfotos, Pappband. ●

Kräftig klar und cremig zart **Feine Suppen**
(**1031**-1) Von H. Imhof, 64 S., 48 Farbfotos, Pappband. ●

Herzhaftes für Leib und Seele **Eintöpfe**
(**0820**-1) Von P. Klein, 48 S., 30 Farbfotos, Pappband. ●

Spezialitäten unter knuspriger Decke
**Aufläufe**
(**0882**-1) Von C. Adam, 48 S., 33 Farbfotos, Pappband. ●

In Hülle und Fülle **Pasteten und Terrinen**
(**0883**-X) Von M. Kirsch, 48 S., 62 Farbfotos, Pappband. ●

Die Krönung der feinen Küche **Saucen**
(**0817**-1) Von G. Cavestri, 48 S., 40 Farbfotos, Pappband. ●

Schlank und köstlich **Spargel**
(**1005**-2) Von M. Kirsch, 64 S., 44 Farbfotos, Pappband. ●

Von Aubergine bis Zucchini **Gemüse**
(**1061**-3) Von H. Cohrs, 64 S., 39 Farbfotos, Pappband. ●

Statt Breakfast und Lunch **Brunch**
(**1033**-8) Von C. Adam, 64 S., 49 Farbfotos, Pappband. ●

**Kochen in höchster Vollendung**
Aus vier Elementen ist alles zusammengefügt (Theophrast). (**4291**-4) Von M. Wissing, M. Kirsch, 160 S., 230 Farbfotos, Leinen geprägt mit Schutzumschlag, im Schuber, **DM 98,–**, S 784.–, Fr 94,10

Mit Lust und Liebe
**Kochen mit den Meistern**
(**4445**-3) 176 S., 132 Farbfotos, 50 Graffiti, Pappband. ●●●●

Zaubern mit der schnellen Welle
**Die neue Mikrowellenküche**
(**4289**-2) Von F. Faist, 208 S., 188 Farbfotos, Pappband. ●●●

**Ganz und gar mit Mikrowellen**
(**4094**-6) Von T. Peters, 208 S., 24 Farbfotos, 12 Zeichnungen, kart. ●●●

Schnell auf den Tisch gezaubert
**Kochen mit Mikrowellen**
(**0818**-X) Von A. Danner, 64 S., 52 Farbfotos, Pappband. ●

**Das neue Mikrowellen-Kochbuch**
(**0434**-6) Von H. Neu, 80 S., 4 Farbtafeln, 16 s/w Zeichnungen, kart. ●

Knusprig braten und backen im
**Mikrowellen-Kombigerät**
(**0996**-X) Von T. Peters, 128 S., 108 Farbfotos, kartoniert. ●●

Leicht und vitaminreich
**Vegetarische Mikrowellenküche**
(**0995**-X) Von F. Faist, 118 S., 103 Farbfotos, kartoniert. ●●

Schnell und individuell
**Mikrowellenküche für Singles**
(**0997**-6) Von A. Görgens, 118 S., 103 Farbfotos, kartoniert. ●●

Vom ersten Versuch zum Menü
**Mikrowellenküche leicht gemacht**
(**0994**-1) Von T. Peters, 112 S., 100 Farbfotos, kartoniert. ●●

Zart gedünstet, schonend gegart
**Fischgerichte aus der Mikrowellenküche**
(**1092**-3) Von A. Ilies, 96 S., 105 Farbfotos, kartoniert. ●●

Köstliches ganz schnell gezaubert
**Aufläufe aus der Mikrowellenküche**
(**1093**-1) Von K. Kruse-Schorling, 96 S., 100 Farbfotos, kartoniert. ●●

Natürlich Kochen im
**Mikrowellen-Römertopf**
(**0947**-X) Von F. Faist, 96 S., 8 Farbt., kart. ●

**Köstliches aus dem Tontopf**
(**0442**-7) Von A. u. G. Eckert, 80 S., 8 Farbtafeln, kart. ●

**Das neue Fritieren**
geruchlos, schmackhaft und gesund.
(**0365**-X) Von P. Kühne, 88 S., 8 Farbtafeln, kart. ●

Goldbraun und knusprig
**Fritierte Leckerbissen**
(**0868**-6) Von F. Faist, 64 S., 47 Farbfotos, Pappband. ●

**Schnell und gut gekocht**
Die tollsten Rezepte für den Schnellkochtopf.
(**0265**-3) Von J. Ley, 96 S., 8 Farbtafeln, kart. ●

Italienische Vorspeisen **Antipasti**
(**1006**-0) Von S. Reiter-Westphal, 64 S., 47 Farbfotos, Pappband. ●

**Pizza, Pasta und die feine italienische Küche**
(**4270**-1) Von R. Rudatis, 120 S., 255 Farbfotos, Pappband. ●●

Schlemmerreise durch die
**Italienische Küche**
(**4172**-1) Von V. Pifferi. 160 S., 109 Farbfotos, Pappband. ●●●

Schlemmen wie bei Mamma Maria
**Pizzas**
(**0815**-5) Von F. Faist, 64 S., 62 Farbfotos, Pappband. ●

Spaghetti, Tagliatelle + Co.
**Pasta all'italiana**
(**1004**-4) Von I. Seyric, 64 S., 57 Farbfotos, Pappband. ●

Pikantes und Süßes mit französischem Charme **Bistro-Küche**
(**4428**-3) Von V. Müller, 160 S., 130 Farbfotos, Pappband. ●●●

Schlemmerreise durch die
**Französische Küche**
(**4296**-5) Von H. Imhof, 160 S., 147 Farbfotos, 3 s/w-Fotos, Pappband. ●●●

Schlemmerreise durch die
**Chinesische Küche**
(**4184**-5) Von K. H. Jen, 160 S., 117 Farbfotos, Pappband. ●●●

Verheißungsvoll fernöstlich
**Spezialitäten aus dem Wok**
(**0933**-X) Von H. K. Jen, 64 S., 56 Farbfotos, Pappband. ●

Mit Lust und Liebe **Chinesisch Kochen**
(**4441**-0) Von Ho Fu-Lung, Uli Franz, 176 S., 189 Farbfotos, 29 Zeichnungen, Pappband. ●●●●

**Chinesisch kochen**
mit dem Wok- und Mongolentopf.
(**0557**-1) Von C. Korn, 64 S., 8 Farbt., kart. ●

Die hier vorgestellten Bücher, Videokassetten und Software sind in folgende Preisgruppen unterteilt:

● Preisgruppe bis DM 10,–/S 79,–/SFr.10
●● Preisgruppe über DM 10,– bis DM 20,– S 80,– bis S 160,– SFr. 10,– bis SFr. 20,–
●●● Preisgruppe über DM 20,– bis DM 30,– S 161,– bis S 240,– SFr. 20,– bis SFr. 29,–
●●●● Preisgruppe über DM 30,– bis DM 50,– S 241,– bis S 400,– SFr. 29,– bis SFr. 48,–
●●●●● Preisgruppe über DM 50,–/S 401,–/SFr.48,–
*(unverbindliche Preisempfehlung)

Die Preise entsprechen dem Status beim Druck dieses Verzeichnisses (s. Seite 1) – Änderungen, im besonderen der Preise, vorbehalten –

**Falken-Verlag GmbH · Postfach 1120 D-6272 Niedernhausen/Ts. · Tel.: 06127/7020**

Mehr Freude und Erfolg beim **Grillen**
(**4141**-1) Von A. Berliner, 160 S., 147 Farbfotos, 10 farbige Zeichnungen, Pappband. ●●●

Köstliches von Rost und Spieß **Grillen**
(**0931**-3) Von A. Kalcher-Dähn, H. K. Kalcher, 64 S., 43 Farbfotos, Pappband. ●

**Bocuse à la carte**
Französisch kochen mit dem Meister.
(**4237**-X) Von P. Bocuse, 88 S., 218 Farbfotos, Pappband. ●

**Französische Küche**
(**0685**-2) Von M. Gutta, 96 S., 16 Farbt., kart. ●

**Fondues · Raclettes · Flambiertes**
(**4081**-4) Von R. Peiler und M.-L. Schult, 136 S., 15 Farbtafeln, 28 Zeichnungen, kart. ●●

**Fondues**
und fritierte Leckerbissen. (**0471**-0) Von S. Stein, 96 S., 8 Farbtafeln, kart. ●

**Rezepte rund um Raclette und Doppeldecker**
(**0420**-6) Von J. W. Hochscheid, 72 S., 8 Farbtafeln, kart. ●

Schlemmen in geselliger Runde
**Fleischfondues**
(**0966**-6) Von M. Spötter, 64 S., 62 Farbfotos, Pappband. ●

**Fondues und Raclettes**
(**4253**-1) Von F. Faist, 160 S., 125 Farbfotos, Pappband. ●●●

**Neue, raffinierte Rezepte mit dem Raclette-Grill**
(**0558**-X) Von L. Helger, 72 S., 8 Farbt., kart. ●

Schmelzendes Käsevergnügen **Raclette**
(**0881**-3) Von F. Faist, 48 S., 33 Farbfotos, Pappband. ●

Kulinarischer Feuerzauber **Flambieren**
(**4294**-9) Von R. Wesseler, 120 S., 100 Farbfotos, Pappband. ●●●

Das köstliche knackige Schlemmervergnügen **Salate**
(**4165**-9) Von V. Müller, 160 S., 80 Farbfotos, Pappband. ●●●

**Köstliche Salate** zum Verwöhnen
(**0222**-X) Von C. Schönherr, 96 S., 8 Farbtafeln, 30 Zeichnungen, kart. ●

Frisch und leicht als Hauptgericht
**Schlemmersalate**
(**0934**-8) Von C. Adam, 64 S., 49 Farbfotos, Pappband. ●

Köstlich frisch auf den Tisch
**Rohkostsalate**
(**0865**-1) Von C. Adam, 48 S., 26 Farbfotos, Pappband. ●

Raffiniert und gesund würzen
**Kräuterküche**
(**0869**-4) Von A. Görgens, 48 S.,43 Farbfotos, Pappband. ●

**Miekes Kräuter- und Gewürzkochbuch**
(**0323**-4) Von I. Persy, K. Mieke, 88 S., 4 Farbtafeln, kartoniert. ●

**Joghurt, Quark, Käse und Butter**
Schmackhaftes aus Milch hausgemacht.
(**0739**-6) Von M. Bustorf-Hirsch, 32 S., 59 Farbabb., Pappband. ●

Gesund und vielseitig **Alles mit Joghurt**
täglich selbstgemacht, mit vielen Rezepten.
(**0382**-6) Von G. Volz, 64 S., 8 Farbt., kart. ●

Locker, flockig, leicht...
**Müsli & Co**
(**0965**-8) Von C. Adam, 64 S., 42 Farbfotos, Pappband. ●

Bärenstark und kerngesund
**Vollwertkost für Kinder**
(**0968**-2) Von S. Reiter, 64 S., 44 Farbfotos, Pappband. ●

**Gesunde Ernährung für mein Kind**
(**0776**-6) Von M. Bustorf-Hirsch, 112 S., 8 Farbtafeln, 5 s/w-Zeichnungen, kart. ●

**Das Getreidemühlenkochbuch**
(**1017**-6) Von M. Burstorf-Hirsch, 112 S., 8 Farbtafeln, kartoniert. ●

**Meine Vollkornküche**
Herzhaftes von echtem Schrot und Korn
(**0858**-9) Von S. Walz, 96 S., 8 Farbt., kart. ●

**Die abwechslungsreiche Vollwertküche**
Vitaminreich und naturbelassen kochen und backen. (**4229**-9) Von M. Bustorf-Hirsch, K. Siegel, 280 S., 31 Farbtafeln, 78 Zeichnungen, Pappband. ●●●●

Die verlockende Alternative
**Süße Vollwertküche**
(**0936**-4) Von A. Roßmeier, 64 S., 50 Farbfotos, Pappband. ●

Die gesunde Art, sich zu verwöhnen
**Vollwertküche für Singles**
(**0937**-2) Von A. Görgens, 64 S., 43 Farbfotos, Pappband. ●

Dinkel, Hirse, Roggenkorn...
**Kerniges aus der Getreideküche**
(**0932**-1) Von S. Frank, 64 S., 49 Farbfotos, Pappband. ●

**Die feine Vollwertküche**
(**4286**-8) Von M. Bustorf-Hirsch, 160 S., 83 Farbfotos, Pappband. ●●●

Mit Lust und Liebe...
**Vollwertküche für Genießer**
(**4412**-4) Von Prof. Dr. C. Leitzmann, H. Million, 256 S., 329 Farbfotos, Pappband. ●●●●

**Naturküche à la carte**
(**4406**-2) Von M. Wissing, M. Kirsch, 160 S., 179 Farbfotos, Pappband. ●●●●

**Biologische Ernährung**
für eine natürliche und gesunde Lebensweise. (**4125**-X) Von G. Leibold, 136 S., 15 Farbtafeln, 47 Zeichnungen, kart. ●●

**Die feine Vegetarische Küche**
(**4235**-3) Von F. Faist, 160 S., 191 Farbfotos, Pappband. ●●●

**Schmackhafte Vollwertkost ohne tierisches Eiweiß**
(**0993**-3) Von M. Bustorf-Hirsch, 96 S., 54 Farbfotos, kartoniert. ●●

**Cholesterinarm kochen und genießen**
(**4442**-9) Von R. Unsorg, 168 S., 132 Farbfotos, kartoniert. ●●●

Die aktuelle **Cholesterintabelle**
(**1088**-5) Von Dr. H. Oberritter, 84 S., 12 zweifarbige Grafiken, kartoniert. ●

**Würzig kochen ohne Salz**
(**0922**-4) Von S. Roediger-Streubel, 160 S., 16 Farbtafeln, kart. ●●

Alternativ essen
**Die gesunde Sojaküche.**
(**0553**-9) Von U. Kolster, 112 S., 8 Farbt., kart. ●

**Kochen mit Tofu**
Die gesunde Alternative.
(**0894**-5) Von U. Kolster, 80 S., 8 Farbtafeln, kart. ●

**Gesund kochen mit Keimen und Sprossen**
(**0794**-9) Von M. Bustorf-Hirsch, 96 S., 4 Farbtafeln, 13 s/w-Zeichnungen, kart. ●

**Keime und Sprossen in der Naturküche**
(**4299**-X) Von M. Bustorf-Hirsch, 96 S., 144 Farbfotos, Pappband. ●●

**Backen** mit Lust und Liebe
(**4284**-1) Von M. Schumacher, R. Krake, 242 S., 348 Farbfotos, 18 farb. Vignetten, 3 vierseitige Ausklapptafeln, Pappband. ●●●●

**Tortenträume und Kuchenfantasien**
Gebackene Köstlichkeiten originell dekoriert und verziert.
(**0823**-6) Von F. Faist, 80 S., 150 Farbfotos, kart. ●●

**Waffeln**
Hörnchen, Pfannkuchen und Crêpes.
(**0522**-9) Von C. Stephan, 64 S., 8 Farbtafeln, kart. ●

Mehr Freude und Erfolg beim
**Brotbacken**
(**4148**-9) Von A. und G. Eckert, 160 S., 177 Farbfotos, Pappband. ●●●

**Selbst Brotbacken**
Über 50 erprobte Rezepte.
(**0370**-6) Von A. und G. Eckert, 80 S., 4 Zeichnungen, 4 Farbtafeln, kart. ●

**Meine Vollkornbackstube**
Brot · Kuchen · Aufläufe. (**0616**-0) Von R. Raffelt, 96 S., 4 Farbtafeln, 12 Zeichnungen, kart. ●

Mit Körnern, Zimt und Mandelkern
**Vollkorngebäck**
(**0816**-3) Von M. Bustorf-Hirsch, 48 S., 39 Farbfotos, Pappband. ●

Knusprig, kernig, urgesund **Vollkornbrot**
(**0938**-0) Von S. Reiter, 64 S., 46 Farbfotos, Pappband. ●

**Weihnachtsbäckerei**
Köstliche Plätzchen, Stollen, Honigkuchen und Festtagstorten.
(**0682**-9) Von M. Sauerborn, 32 S., 34 Farbfotos, Pappband. ●

**Meine Weihnachtsbackstube**
(**5163**-8) Von M. Sauerborn, 32 S., 23 Farbfotos, mit Vorlagebogen in Originalgröße, kart. ●

Süße Verführungen **Desserts**
(**0885**-6) Von M. Bacher, 64 S., 75 Farbfotos Pappband. ●

Süße Geheimnisse eiskalt gelüftet
**Eis und Sorbets**
(**0870**-8) Von H. W. Liebheit, 48 S., 38 Farbfotos, Pappband. ●

Raffiniertes mit
**Eis**
Drinks/Desserts/Eissorten
(**1029**-X) Von. F. Hoffmann, 64 S., 74 Farbfotos, Pappband. ●

Zart schmelzende Versuchungen
**Schokolade**
(**0819**-8) Von J. Schroer, 48 S., 53 Farbfotos, Pappband. ●

**Mitbringsel aus meiner Küche**
selbst gemacht und liebevoll verpackt.
(**0668**-3) Von C. Schönherr, 32 S., 30 Farbfotos, Pappband. ●

**Marmeladen, Gelees und Konfitüren**
Köstlich wie zu Omas Zeiten – einfach selbstgemacht. (**0720**-5) Von M. Gutta, 32 S., 23 Farbfotos, 1 Zeichnung, Pappband. ●

**Einkochen, Einlegen, Einfrieren**
(**4055**-5) Von B. Müller, 152 S., 27 s/w.-Abb., 16 Farbtafeln, kart. ●●

**Haltbarmachen in der Öko-Küche**
Gesunde Konservierungsmethoden für Obst, Gemüse, Kräuter und Pilze. (**0923**-2) Von M. Bustorf-Hirsch, 120 S., 92 Farbabb., kart. ●●

**Komm, koch und back mit mir**
Kunterbuntes Kochvergnügen für Kinder.
(**4285**-X) Von S. und H. Theilig, illustriert von B. v. Hayek, 112 S., 45 Farbabb., Pappband. ●●

**Kinder lernen spielend backen**
(**5110**-7) Von M. Gutta, 64 S., 50 Farbfotos, Pappband. ● ●

**Kinder lernen spielend kochen**
Lieblingsgerichte mit viel Spaß selbst zubereitet
(**5096**-8) Von M. Gutta, 64 S., 45 Farbfotos, Pappband. ●●

Mit Lust und Liebe **Kalte Platten & Buffets**
Anrichten und Garnieren
(**4427**-5) Von P. Grotz, 176 S., 228 Farbfotos, Pappband. ●●●●

**Garnieren und Verzieren**
(**4236**-1) Von R. Biller, 160 S., 329 Farbfotos, 57 Zeichnungen, Pappband. ●●●

Köstlichkeiten für Gäste und Feste
**Kalte Platten**
(**4200**-0) Von I. Pfliegner, 160 S., 130 Farbfotos, Pappband. ●●●

Wenn Gäste kommen…
**Kalte Küche**
(**1060**-5) Von A. Ilies, 64 S., 49 Farbfotos, Pappband. ●

Fein und raffiniert
**Canapés und kleine Köstlichkeiten**
(**0963**-1) Von H. Imhof, 64 S., 53 Farbfotos, Pappband. ●

**Festlich kochen und backen**
für Advent und Weihnachten
(**4443**-7) Von A. Guter, 96 S., 66 Farbfotos, 1 s/w-Foto, Pappband. ●●

**Der perfekt gedeckte Tisch**
(**1028**-1) Von H. Tapper, 80 S., 161 Farbfotos, 13 Zeichnungen, kartoniert. ●●

**Der schön gedeckte Tisch**
Vom einfachen Gedeck bis zur Festtafel stimmungsvoll und perfekt arrangiert.
(**4246**-1) Von H. Tapper, 112 S., 206 Farbfotos, 21 s/w-Abbildungen, Pappband. ●●●

**Servietten falten**
30 Ideen für schön gedeckte Tische
(**1042**-7) Von M. Müller, O. Mikolasek, 80 S., 289 Farbfotos, 50 Zeichnungen, kartoniert. ●●

**Phantasievolle Tischdekorationen selber machen**
(**0984**-4) Von Y. Thalheim, H. Nadolny, 80 S., 174 Farbfotos, 21 Zeichnungen, kart. ●●

**Tischkarten dekorativ gestalten**
aus allerlei Material für viele Anlässe
(**0946**-1) Von H. York, 32 S., 108 Farbfotos, Pappband. ●

**Servietten dekorativ falten**
Geschmackvolle Anregungen aus Stoff und Papier. (**0804**-X) Von H. Tapper, 32 S., 134 Farbfotos, Pappband. ●

**Tee für Genießer**
Sorten · Riten · Rezepte. (**0356**-0) Von M. Nicolin, 64 S., 4 Farbtafeln, kart. ●

**Weinlexikon**
Wissenswertes über die Weine der Welt.
(**4149**-7) Von U. Keller, 228 S., 6 Farbtafeln, 395 s/w-Fotos, Pappband. ●●●

**Weine und Säfte, Liköre und Sekt**
selbstgemacht. (**0702**-7) Von P. Arauner, 232 S., 76 Abb., kart. ●●

Fruchtig, spritzig, eisgekühlt
**Mixen ohne Alkohol**
(**0935**-6) Von S. Späth, 64 S., 44 Farbfotos, Pappband. ●

**Cocktails**
(**4267**-1) Von W. R. Hoffmann, W. Hubert, J. Lottring, 160 S., 164 Farbfotos, 1 s/w-Foto, Pappband. ●●●

**Cocktails und Mixereien**
für häusliche Feste und Feiern. (**0075**-8) Von J. Walker, 96 S., 4 Farbtafeln, kart. ●

**Neue Cocktails und Drinks**
mit und ohne Alkohol. (**0517**-2) Von S. Späth, 128 S., 4 Farbtafeln, kart. ●

**Die besten Punsche, Grogs und Bowlen**
(**0575**-X) Von F. Dingden, 64 S., 4 Farbt., kart. ●

**SLIM**
Der neue, individuelle Schlankheitsplan
(**4277**-9) Von Prof. Dr. E. Menden, W. Aign 120 S., 440 Farbfotos, Pappband. ●●●

Schlank werden nach Dr. Hay **Trennkost**
Die bewährten Vollwert-Rezepte von Ursula Summ. (**4298**-1) Von U. Summ, 96 S., 54 Farbfotos, 1 Zeichnung, kart. ●●

Eßlust statt Diätfrust
**Die Pfundskur**
(**1102**-4) Von Prof. Dr. V. Pudel, 144 S., 8 s/w-Zeichnungen, 4 Vignetten, kartoniert. ●

**Vitamine und Ballaststoffe**
So ermittle ich meinen täglichen Bedarf
(**0746**-9) Von Prof. Dr. M. Wagner, I. Bongartz, 96 S., 6 Farbfotos, zahlreiche farb. Tabellen, kart. ●

**Kalorien – Joule**
Eiweiß · Fett · Kohlenhydrate tabellarisch nach gebräuchlichen Mengen. (**0374**-9) Von M. Bormio, 88 S., kart. ●

## Hobby und Freizeit

Falken-Handbuch
**Zeichnen und Malen**
(**4167**-5) Von B. Bagnall, 336 S., 1154 Farbabb., Pappband. ●●●●●

Das große farbige PLAKA-Buch
**Malen und Basteln**
(**4402**-X) Von H.-J. Giesecke, 192 S., 224 Farbfotos, 20 Farb- und 4 s/w-Zeichnungen, Pappband. ●●●

**Einmal grad und einmal krumm**
Zeichenstunden für Kinder. (**0599**-7) Von H. Witzig, 144 S., 363 Abb. kart. ●

**Punkt, Punkt, Komma, Strich**
Zeichenstunden für Kinder
(**0564**-4) Von H. Witzig, 144 S., über 250 Zeichnungen, kart. ●

**Figürliches Zeichnen**
leicht gemacht
(**1010**-9) Von H. Witzig, 112 S., 462 Figuren, kartoniert. ●

**Spielend zeichnen lernen mit den Montagsmalern**
(**0974**-7) Von G. Lages, Sigi-Harreis, 112 S., 326 s/w-Zeichnungen, kartoniert. ●●

**Kalligraphie**
Die Kunst des schönen Schreibens
(**4263**-9) Von C. Hartmann, 120 S., 44 Farbvorlagen, 29 s/w-Vorlagen, 2 s/w-Zeichnungen, 38 Farbfotos, Pappband. ●●●●

Gestalten mit Schrift
**Kalligraphie**
(**1044**-3) Von I. Schade, 80 S., 2 Farb- und 1 s/w Foto, 143 Farbzeichnungen, kartoniert. ●●

**Aquarellmalerei**
als Kunst und Hobby (**4147**-0) Von H. Haack, B. Wersche, 136 S., 62 Farbfotos, 119 Zeichnungen, Pappband. ●●●●

**Aquarellmalerei leicht gelernt**
Materialien · Techniken · Motive.
(**0787**-6) Von T. Hinz, R. Braun, B. Zeidler, 32 S., 38 Farbfotos, 1 Zeichn., Pappband. ●

**Hobby Aquarellmalen**
Landschaft und Stilleben. (**0876**-7) Von I. Schade, A. Brück, 80 S., 111 Farbabb., kart. ●●

**Hobby Ölmalerei**
Landschaft und Stilleben. (**0875**-9) Von H. Kämper, I. Becker, 80 S., 93 Farbabb., kart. ●●

**Hobby Bauernmalerei**
(**0436**-2) Von S. Ramos und J. Roszak, 80 S., 116 Farbf. und 28 Motivvorlagen, kart. ●●

**Bauernmalerei**
Kreatives Hobby nach alter Volkskunst
(**5039**-9) Von S. Ramos, 64 S., 85 Farbfotos, Pappband. ●●

**Seidenmalerei in Vollendung**
(**4414**-3) Hrsg. von R. Smend, 160 S., 227 Farbfotos, 36 s/w-Fotos, geprägter Leineneinband mit Schutzumschlag, im Schuber, **DM 98,–**, S 784,–, Fr 90,20

**Seidenmalerei als Kunst und Hobby**
(**4264**-7) Von S. Hahn, 136 S., Farbabb., 1 s/w-Foto, Pappband. ●●●●

**Hobby Seidenmalerei**
(**0611**-X) Von R. Henge, 88 S., 106 Farbfotos, 28 Zeichnungen, kart. ●●

**Neue zauberhafte Seidenmalerei**
Motive und Anregungen aus der Natur.
(**0924**-0) Von R. Henge, 80 S., 148 Farbfotos, 27 s/w-Zeichnungen, kart. ●●

**Kunstvolle Seidenmalerei**
Mit zauberhaften Ideen zum Nachgestalten
(**0783**-3) Von I. Demharter, 32 S., 56 Farbfotos, Pappband. ●

**Zauberhafte Seidenmalerei**
Materialien · Techniken · Gestaltungsvorschläge. (**0664**-0) Von E. Dorn, 32 S., 62 Farbfotos, Pappband. ●

**Aquarellieren auf Seide**
Materialien · Techniken · Motive
(**0917**-8) Von I. Demharter, 32 S., 41 Farbfotos, Pappband. ●

**Seidenmalerei Landschaften**
(**5153**-0) Von D. Kosik, 32 S., 50 Farbfotos, 12 Zeichnungen, mit Vorlagebogen in Originalgröße, kart. ●

**Seidenmalerei Kissen**
(**5151**-4) Von I. Demharter, 32 S., 42 Farbfotos, 2 Zeichnungen, mit Vorlagebogen in Originalgröße, kart. ●

**Seidenmalerei Blusen und T-Shirts**
(**5184**-0) Von A. Keller, 32 S., 28 Farbfotos, 12 Zeichnungen, mit Vorlagebogen in Originalgröße, kartoniert. ●

**Seidenmalerei Tücher und Schals**
(**5152**-2) Von R. Henge, 32 S., 36 Farbfotos, 1 Zeichnung, mit Vorlagebogen in Originalgröße, kart. ●

**Seidenmalerei Taschen und Gürtel**
(**5194**-8) Von S. Tichy-Gibley, 32 S., 30 Farbfotos, 8 Farbzeichnungen, mit Vorlagebogen in Originalgröße, kartoniert. ●

**Seidenmalerei Lampenschirme**
(**5154**-9) Von I. Walter-Ammon, 32 S., 47 Farbfotos, 1 Zeichnung, mit Vorlagebogen in Originalgröße, kart. ●

**Seidenmalerei Blüten, Blätter, Ranken**
(**5165**-4) Von D. Kosik, 32 S., 35 Farbfotos, 4 Zeichnungen, mit Vorlagebogen in Originalgröße, kart. ●

**Seidenmalerei Schmuckkarten und Miniaturbilder**
(**5166**-2) Von I. Walter-Ammon, 32 S., 37 Farbfotos, 2 Zeichnungen, mit Vorlagebogen in Originalgröße, kart. ●

**Seidenmalerei Bilder in Konturentechnik**
(**5182**-4) Von I. Demharter, 32 S., 28 Farbfotos, 2 Zeichnungen, mit Vorlagebogen in Originalgröße, kartoniert. ●

Falken-Handbuch **Häkeln**
ABC der Häkeltechniken und Häkelmuster in ausführlichen Schritt-für-Schritt-Bildfolgen.
(**4194**-2) Von H. Fuchs, M. Natter, 288 S., 1073 Farbabb., Pappband. ●●●●

Das moderne Standardwerk von der Expertin
**Perfekt Stricken**
Mit Sonderteil Häkeln. (**4250**-2) Von H. Jaacks, 256 S., 703 Farbfotos, 169 Farb- und 121 s/w-Zeichnungen, Pappband. ●●●

Falken-Handbuch **Stricken**
ABC der Stricktechniken und Strickmuster in ausführlichen Schritt-für-Schritt-Bildfolgen. (**4137**-3) Von M. Natter, 312 S., 106 Farb- und 922 s/w-Fotos, 318 Zeichnungen, Pappband. ●●●●

**Hobby Patchwork und Quilten**
(**0768**-X) Von B. Staub-Wachsmuth, 80 S., 108 Farbabb., 43 Zeichnungen, kart. ●●

**Hobby Applikationen**
Materialien · Techniken · Modelle
(**0899**-6) Von H. Probst-Reinhardt, 80 S., 92 Farbfotos, 31 Zeichnungen, kart. ●●

**Hobby Spitzencollagen**
Bezaubernde Motive aus edlem Material
(**0847**-3) Von H. Westphal, 80 S., 186 Farbfotos, kart. ●●

Falken-Handbuch **Nähen**
Abc der Nähtechniken und kreative Modellschneiderei in ausführlichen Schritt-für-Schritt-Bildfolgen. (**4272**-8) Von A. Bree, 320 S., 1142 Abbildungen, Schnittmusterbogen für alle Modelle, Pappband. ●●●●

**Marionetten**
selbst bauen und führen
(**1043**-5) Von D. Köhnen, 80 S., 162 Farbfotos, mit Schnittmusterbogen, kartoniert. ●●

**Zauberhafte alte Puppen**
Sammeln · Restaurieren · Nachbilden
(**4255**-8) Von C.A. Stanton, J. Jacobs, 120 S., 157 Farbfotos, 24 Zeichnungen, Pappband. ●●●●

**Selbstgestrickte Puppen**
Materialien und Arbeitsanleitungen
(**0638**-1) Von B. Wehrle, 32 S., 21 Farbfotos, 24 Zeichnungen, Pappband. ●

**Puppen zum Liebhaben**
(**5199**-9) Von B. Wehrle, 32 S., 27 Farbfotos, 9 s/w-Zeichnungen, mit Vorlagebogen in Originalgröße, kartoniert. ●

**Kuscheltiere stricken und häkeln**
Arbeitsanleitungen und Modelle. (**0734**-5) Von B. Wehrle, 32 S., 60 Farbfotos, 28 Zeichnungen, Pappband. ●

**Phantasiepuppen stricken und häkeln**
Märchenhafte Modelle mit Arbeitsanleitungen. (**0813**-9) Von B. Wehrle, 32 S., 26 Farbfotos, 46 Zeichnungen, Pappband. ●

**Teddybären**
Sechs beliebte Modelle
(**5159**-X) Von Y. Thalheim, H. Nadolny, 32 S., 46 Farbfotos, 9 Zeichnungen, mit Vorlagebogen in Originalgröße, kart. ●

**Heißgeliebte Teddybären**
Selbermachen · Sammeln · Restaurieren. (**0900**-3) Von H. Nadolny, Y. Thalheim, 80 S., 119 Farbfotos, 23 s/w-Zeichnungen, 14 S. Schnittmusterbogen, kart. ●●

**Hobby Salzteig**
(**0662**-4) Von I. Kiskalt, 80 S., 150 Farbfotos, 5 Zeichnungen, Schablonen, kart. ●●

**Neue zauberhafte Salzteig-Ideen**
(**0719**-1) Von I. Kiskalt, 80 S., 324 Farbfotos, 12 Zeichnungen, Schablonen, kart. ●●

**Kreatives Gestalten mit Salzteig**
Originelle Motive für Fortgeschrittene
(**0769**-8) Hrsg. I. Kiskalt, 80 S., 168 Farbfotos, kart. ●●

Originell und dekorativ
**Salzteig mit Naturmaterialien**
(**0833**-3) Von A. und H. Wegener, 80 S., 166 Farbfotos, kart. ●●

**Salzteig kinderleicht**
(**0973**-9) Von I. Kiskalt, 80 S., 224 Farbfotos, 8 Zeichnungen, kart. ●●

**Töpfern**
als Kunst und Hobby. (**4073**-3) Von J. Fricke, 132 S., 37 Farbfotos, 222 s/w-Fotos, Pappband. ●●●●

Kreatives Gestalten mit Ton
**Töpfern ohne Scheibe – Aufbaukeramik**
(**0896**-1) Von A. Riedinger, 80 S., 207 Farbfotos, 16 Zeichnungen, 7 Vignetten, kart. ●●

Kreatives Gestalten mit Ton
**Töpfern auf der Scheibe**
(**0971**-2) Von A. Riedlinger, 80 S., 28 Farb- und 3 s/w-Zeichng., 178 Farbfotos, kartoniert. ●●

**Edles Porzellan**
(**4437**-2) Von M. Lutze, Prof. E. Lessing, 160 S., 175 Farbfotos, Leineneinband, mit Schutzumschlag, im Schuber. ●●●●●

**Hobby Glaskunst in Tiffany-Technik**
(**0781**-7) Von N. Köppel, 80 S., 194 Farbfotos, 6 s/w-Abb., kart., ●●

**Tiffany-Lampen selbermachen**
Arbeitsanleitung · Materialien · Modelle
(**0684**-5) Von I. Spliethoff, 32 S., 60 Farbfotos, 19 Zeichnungen, Pappband. ●

**Fensterbilder in Tiffany-Technik**
(**5168**-9) Von P. Matz, 32 S., 43 Farbfotos, mit Vorlagebogen in Originalgröße, kart. ●

**Tiffany-Schmuck selbermachen**
Materialien · Arbeitsanleitungen · Modelle
(**0871**-6) Von B. Poludniak, H. G. Scheib, 32 S., 55 Farbfotos, Pappband. ●

**Tiffany-Technik**
und andere kunstvolle Arbeiten in Glas
(**0972**-0) Von. D. Köhnen, 80 S., 176 Farbfotos, 5 s/w-Zeichnungen, kart. ●●

**Tiffany-Gürtelschnallen**
(**5160**-3) Von G.G. Scheib, R. Grella, 32 S., 52 Farbfotos, 1 Zeichnung, mit Vorlagebogen in Originalgröße, kart. ●

**Schmuck, Accessoires und Dekoratives**
aus Fimo modelliert. (**0873**-2) Von A. Aurich, 32. S., 54 Farbfotos, Pappband. ●

**Modeschmuck mit Federn und Straß**
(**5167**-0) Von J. Niemeier, 32 S., 41 Farbfotos, mit Vorlagebogen in Originalgröße, kart. ●

**Modeschmuck selbst modellieren**
(**5196**-4) Von K. Eichler, 32 S., 51 Farbfotos, mit Vorlagebogen in Originalgröße, kartoniert. ●

**Modeschmuck in vielen Variationen**
(**5180**-8) Von A. Hahn, 32 S., 39 Farbfotos, 3 Zeichnungen, mit Vorlagebogen in Originalgröße, kartoniert. ●

**Exklusiver Modeschmuck**
aus dem eigenen Atelier
(**0925**-9) Von J. Niemeier, J. Klein, 80 S., 141 Farbfotos, 25 Zeichnungen, kart. ●●

**Masken**
phantasievoll dekorieren
(**5155**-7) Von Chr. Familler, 32 S., 48 Farbfotos, mit Vorlagebogen in Originalgröße, kart. ●

**Bastelspaß mit der Laubsäge**
Mit Schnittmusterbogen für viele Modelle in Originalgröße. (**0741**-8) Von L. Giesche, M. Bausch, 32 S., 61 Farbfotos, 7 Zeichnungen, Schnittmusterbogen, Pappband. ●

**Strohschmuck selbstgebastelt**
Sterne, Figuren und andere Dekorationen
(**0740**-X) Von E. Rombach, 32 S., 60 Farbfotos, 17 Zeichnungen, Pappband. ●

**Hobby Drachen**
bauen und steigen lassen. (**0767**-1) Von W. Schimmelpfennig, 80 S., 1 dreiseitige Ausklapptafel, 55 Farbfotos, 139 Zeichnungen kart. ●●

**Lenkdrachen**
bauen und fliegen
(**1011**-7) Von W. Schimmelpfennig, 64 S., 51 Farbfotos und 126 Zeichnungen, kartoniert. ●●

**Drachen**
Einfache Modelle für Kinder
(**5156**-5) Von W. Schimmelpfennig, 32 S., 11 Farbfotos, 31 Zeichnungen, mit Vorlagebogen in Originalgröße, kart. ●

Das große farbige
**Bastelbuch für Kinder**
(**4254**-X) Von U. Barff, I. Burkhardt, J. Maier. 224 S., 157 Farbfotos, 430 Farb- und 60 s/w-Zeichnungen, mit Schnittmusterbogen, Pappband. ●●●

**Hobby Origami**
Papierfalten für groß und klein
(**0756**-6) Von Z. Aytüre-Scheele, 80 S., 820 Farbfotos, kart. ●●

**Neue zauberhafte Origami-Ideen**
Papierfalten für groß und klein
(**0805**-8) Von Z. Aytüre-Scheele, 80 S., 720 Farbfotos, kart. ●●

**Zauberwelt Origami**
Tierfiguren aus Papier
(**1045**-1) Von Z. Aytüre-Scheele, 80 S., 660 Farbfotos, kartoniert. ●●

**Origami –**
Die Kunst des Papierfaltens. (**0280**-7) Von R. Harbin, 112 S., 633 Zeichnungen, 9 Fotos, kart. ●

**Heut basteln wir mit Pappe und Papier**
(**4413**-5) Von U. Barff, J. Maier, 224 S., 117 Farbfotos, 480 Farbzeichnungen, 25 s/w-Abbildungen, mit Schnittmusterbogen, Pappband. ●●●

**Das große farbige Bastel- und Werkbuch**
(**4439**-9) Von D. Rex, 256 S., 999 Farbfotos, 33 Farbzeichnungen, Pappband. ●●●●

**Schritt für Schritt zum Scherenschnitt**
Materialien · Techniken · Gestaltungsvorschläge. (**0732**-9) Von H. Klingmüller, 32 S., 38 Farbfotos, 34 Vorlagen, Pappband. ●

**Fensterbilder in Scherenschnitt**
(**5169**-7) Von A. Hahn, 32 S., 52 Farbfotos, 3 s/w-Fotos, mit Vorlagebogen in Originalgröße, kart. ●

**Fensterbilder aus Papier**
(**5158**-1) Von E. Rüscher, 32 S., 39 Farbfotos, 5 Zeichnungen, mit Vorlagebogen in Originalgröße, kart. ●

**Fensterbilder**
**Meine Lieblingstiere**
(**5197**-2) Von Y. Thalheim, H. Nadolny, 32 S. 38 Farbfotos, mit Vorlagebogen in Originalgröße, kartoniert. ●

**Die schönsten Fensterbilder**
(**1066**-4) Von C. Kimmerle, 64 S., 100 Farbfotos, kartoniert. ●●

**Perfekte Fensterbilder**
(**4470**-4) Von S. Haenitsch-Weiß, A. Weiß, 8 vierfarbige Bogen 280-g-Karton mit Stanzung + 16 S. zweifarbige Ein/Anleitung. ●●

**Märchenhafte Fensterbilder**
(**5185**-9) Von J. Maier, 32 S., 37 Farbfotos, mit Vorlagebogen in Originalgröße, kartoniert. ●

**Fensterbilder Blumen und Tiere**
(**5186**-7) Von M. Twachtmann, 32 S., 41 Farbfotos, 3 Zeichnungen, mit Vorlagebogen in Originalgröße, kartoniert. ●

**Papierflieger**
(**5157**-3) Von T. Gött, 32 S., 73 Farbfotos, 19 Zeichnungen, mit Vorlagebogen in Originalgröße, kart. ●

**Mobiles aus Papier**
(**5183**-2) Von J. Maier, 32 S., 17 Farbfots, 35 Farbzeichnungen, mit Vorlagebogen in Originalgröße, kartoniert. ●

**Schachteln basteln und dekorieren**
(**5170**-0) Von Chr. Adjano, 32 S., 55 Farbfotos, mit Vorlagebogen in Originalgröße, kart. ●

**Die große Schachtelparade**
(**4438**-0) Von Present Team, 16 vierfarbige Bogen 250-g-Karton mit Schachtelstanzung mit 4 S. Einleitung. ●●●

Deco Art
**Die Kunst, Geschenke zu verpacken**
(**0949**-6) Von B. Niermann, 80 S., 78 Farbfotos, 191 Zeichnungen, kart. ●●

**Geschenkeverpacken für Kinderfeste**
(**5195**-6) Von C. Netolitzky, 32 S., 43 Farbfotos, mit Vorlagebogen in Originalgröße, kartoniert. ●

**Bunte Dekorationen für den Kindergeburtstag**
Mit Spielanleitung zum Fest der Tiere
(**4471**-2) Von S. Haenitsch-Weiß, A. Weiß, 8 vierfarbige Bogen 280-g-Karton mit Stanzung + 16 S., zweifarbige Ein/Anleitung. ●●

Originelles Ambiente für Gäste
**Festdekorationen**
(**1049**-4) Von B. Niermann, 80 S., 125 Farbfotos, 59 Farbzeichng., kartoniert. ●●

Dekorieren und Arrangieren mit
**Seidenblumen**
(**5200**-6) Von M. L. Spang, 32 S., 37 Farbfotos, 14 Farbzeichnungen, mit Vorlagebogen in Originalgröße, kartoniert. ●

**Tischkarten dekorativ gestalten**
aus allerlei Material für viele Anlässe
(**0946**-1) Von H. York, 32 S., 108 Farbfotos, Pappband. ●

**Glückwunschkarten**
(**5179**-4) Von A. Kolb, B. Michel, 32 S., 54 Farbfotos, mit Vorlagebogen in Originalgröße, kartoniert. ●

Altes Brauchtum neu entdeckt
**Schmuck-Eier**
Kunstvoll gestalten und verzieren. (**0919**-4) Von I. Kiskalt, 32 S., 45 Farbfotos, 3 s/w-Zeichnungen, Pappband. ●

**Dekorationen für Ostern**
(**5198**-0) Von Y. Thalheim, H. Nadolny, 32 S., 48 Farbfotos, mit Vorlagebogen in Originalgröße, kartoniert. ●

**Basteln für Ostern**
(**5164**-6) Von Chr. Adjano, 32 S., 47 Farbfotos, mit Vorlagebogen in Originalgröße, kart. ●

**Weihnachtsgeschenke schön verpacken**
Schachteln · Dekorationen · Geschenkpapiere
(**4469**-0) Von Present Team, 10 vierfarbige Bogen 250-g-Karton mit Stanzung, 4 Bogen Geschenkpapier + 4 S. Einleitung. ●●●

Alle Jahre wieder…
**Advent und Weihnachten**
Basteln, Backen, Schmücken, Singen, Vorlesen, Feiern
(**4260**-4) Von H. und Y. Nadolny, 256 S., 105 Farbfotos, 130 Zeichn., Pappband. ●●●

Basteln und dekorieren für
**Advent und Weihnachten**
(**4446**-1) Von G. Teusen, C. Netolitzky, 176 S., 285 Farbfotos, mit Bastelvorlagebogen, Pappband. ●●●

**Basteln für Weihnachten**
(**5162**-X) Von Chr. Adjano, 32 S., 44 Farbfotos, mit Vorlagebogen in Originalgröße, kart. ●

**Fensterdekorationen für die Weihnachtszeit**
(**5181**-6) Von Y. Thalheim, H. Nadolny, 32 S., 33 Farbfotos, mit Vorlagebogen in Originalgröße, kartoniert. ●

**Adventskalender**
(**5178**-6) Von Y. Thalheim, H. Nadolny, 32 S., 35 Farbfotos, mit Vorlagebogen in Originalgröße, kartoniert. ●

**Weihnachtsbasteleien**
Advents- und Weihnachtsschmuck für groß und klein
(**0667**-5) Von M. Kühnle und S. Beck, 32 S., 56 Farbfotos, 6 Zeichnungen, Pappband. ●

Feuerzeichen behaglicher Wohnkultur
**Kachelöfen, Kamine und Kaminöfen**
(**4288**-4) Hrsg. von C. Berninghaus. Von R. Heinen, G. Kosicek, H.P. Sabborrosch, 168 S., 291 Farbfotos, 2 s/w-Fotos, 8 Zeichnungen, Pappband. ●●●●

Falken Handbuch
**Heimwerken**
Reparieren und Selbermachen im Haus und Wohnung – über 1100 Farbfotos. Praktische Tips vom Profi: Selbermachen, Reparieren, Renovieren, Kostensparen. (**4117**-9) Von Th. Pochert, 440 S., 1103 Farbfotos, 100 ein- und zweifarbige Abb., Pappband. ●●●●

**Restaurieren von Möbeln**
Stilkunde, Materialien, Techniken, Arbeitsanleitungen in Bildfolgen.
(**4120**-9) Von E. Schnaus-Lorey, 152 S., 37 Farbfotos, 75 s/w-Fotos, 352 Zeichnungen, Pappband. ●●●●

**Möbel aufarbeiten, reparieren und pflegen**
(**0386**-2) Von E. Schnaus-Lorey, 96 S., 28 Fotos, 101 Zeichnungen, kart. ●

FALKEN-Heimwerker-Praxis
**Kleinmöbel aus Holz**
(**0905**-4) Von O. Maier, 128 S., 210 Farbfotos, 80 Zeichnungen, kart. ●●

FALKEN-Heimwerker-Praxis
**Anstreichen und Lackieren**
(**0771**-X) Von P. Müller, 120 S., 196 Farbfotos, 2 s/w-Fotos, 3 Zeichnungen, kart. ●●

FALKEN-Heimwerker-Praxis
**Elektroarbeiten**
(**0975**-5) Von K.H. Schubert, 120 S., 193 Farbfotos, 40 Zeichnungen, kart. ●●

Falken-Heimwerker-Praxis
**Mofa- und Moped-Reparaturen**
(**1008**-7) Von T. Kohlmey, 128 S., 280 Farbabbildg. und Zeichng., kartoniert. ●●

FALKEN-Heimwerker-Praxis
**Fahrrad-Reparaturen**
(**0796**-5) Von R. van der Plas, 112 S., 140 Farbfotos, 113 farbige Zeichnungen, kart. ●●

**Ikebana**
Einführung in die japanische Kunst des Blumensteckens. (**0548**-2) Von G. Vocke, 152 S., 47 Farbfotos, kart. ●●

**Blütenbilder aus Blumen und Blättern**
Phantasievolle Naturcollagen
(**0872**-4) Von G. Schamp, 32 S., 57 Farbfotos, 1 Zeichnung, Pappband. ●

**Hobby Gewürzsträuße**
und zauberhafte Gebinde nach Salzburger Art. (**0726**-4) Von A. Ott, 80 S., 101 Farbfotos, 51 farbige Zeichnunen, kart. ●●

**Hobby Trockenblumen**
Gewürzsträuße, Gestecke, Kränze, Buketts. (**0643**-8) Von R. Strobel-Schulze, 88 S., 170 Farbfotos, kart. ●●

**Neue zauberhafte Trockenblumen-Ideen**
(**0821**-X) Von R. Strobel-Schulze, 80 S., 163 Farbfotos, kart. ●●

**Phantasievolles Schminken**
Verzauberte Gesichter für Maskeraden, Laienspiele und Kinderfeste
(**0907**-0) Hrsg.: H. u. Y. Nadolny, 64 S., 227 Farbfotos, kartoniert. ●●

**Schminken für Kinder**
(**5177**-8) Von Y. Thalheim, H. Nadolny, 32 S., 68 Farbfotos, mit Vorlagebogen in Originalgröße, kartoniert. ●

Mit vollem Genuß **Pfeife rauchen**
Alles über Tabaksorten, Pfeifen und Zubehör
(**4227**-2) Von H. Behrens, H. Frickert, 168 S., 127 Farbfotos, 18 Zeichn., Pappband. ●●●●

**Pfeiferauchen leicht gemacht**
Die richtige Art, Tabak zu genießen
(**1026**-5) Von O. Pollner, 112 S., 125 Farbfotos, 5 zweifarbige-Abb., kart. ●●

**Münzen**
Ein Brevier für Sammler. (**0353**-6) Von E. Dehnke, 128 S., 4 Farbtafeln, 17 s/w-Abb., kart. ●●

Die Fazination der Philatelie
**Briefmarken sammeln**
(**4273**-6) Von D. Stein, 212 S., 124 s/w-Fotos, 24 Farbtafeln, Pappband. ●●●

**Briefmarken sammeln**
(**0481**-8) Von D. Stein. 120 S., 4 Farbtafeln, 98 s/w-Abb., kart. ●

**Freizeit mit dem Mikroskop**
(**0291**-2) Von M. Deckart, 132 S., 8 Farbtafeln, 64 s/w-Abb., 2 Zeichnungen, kart. ●●

Astronomie im Bild
**Unser Sternenhimmel rund ums Jahr**
(**0849**-X) Von Dr. E. Übelacker, 88 S., 48 Farbfotos, 1 s/w-Foto, 68 Farbzeichn., kart. ●●

**Astronomie als Hobby**
Sternbilder und Planeten erkennen und benennen. (**0572**-5) Von D. Block, 176 S., 16 Farbtafeln, 49 s/w-Fotos, 93 Zeichnungen, kart. ●●

**Moderne Fotopraxis**
(**4401**-1) Von G. Koshofer, Prof. H. Wedewardt, 224 S., 363 Farbfotos, 106 s/w-Fotos, 5 Farb- und 24 s/w-Zeichnungen, Pappband. ●●●

**Mach dir ein Bild**
Praxistips für Foto, Film und Video
(**4410**-0) Von G. Staab, 208 S., 202 Farbfotos, 175 s/w-Fotos, 1 Zeichnung, Pappband. ●●●

**So macht man bessere Fotos**
Das meistverkaufte Fotobuch der Welt
(**0614**-4) Von M. L. Taylor, 192 S., 457 Farbfotos, 8 s/w-Fotos, 7 Zeichnungen, kart. ●●

**Aktfotografie**
Interpretationen zu einem unerschöpflichen Thema. Gestaltung · Technik · Spezialeffekte. (**0737**-X) Von H. Wedewardt, 88 S., 144 Farb- und 6 s/w-Fotos, 6 Zeichnungen, kart. ●●

**Videografieren**
Filmen mit Video 8. Technik – Bildgestaltung – Schnitt – Vertonung. (**0843**-0) Von M. Wild, K. Möller, 120 S., 101 Farbfotos, 22 s/w-Fotos, 52 Zeichnungen, kart. ●●

**Videografieren perfekt**
Profitricks für Aufnahmetechnik und Nachbearbeitung
(**0969**-0) Von W. Schild, 120 S., 144 Farbabb., 5 s/w-Zeichnungen, kart. ●●●

**Schmalfilmen**
Ausrüstung · Aufnahmepraxis · Schnitt · Ton. (**0342**-0) Von U. Ney, 108 S., 4 Farbtafeln, 25 s/w-Fotos, kart. ●

**Anlagenbau in Modultechnik**
für Modelleisenbahnen und Dioramen. (**0845**-7) Von J. Thal, 104 S., 68 Farbfotos, 28 Zeichnungen, kart. ●●●

**Kleine Welt auf Rädern**
Das faszinierende Spiel mit **Modelleisenbahnen** (**4175**-6) Von F. Eisen, 256 S., 72 Farb- und 180 s/w-Fotos, 25 Zeichnungen, Pappband. ●●●

**Elektronik als Hobby**
Von der Grundlagenschaltung zum integrierten Schaltkreis
Mit 8 wichtigen Universalplatinen
(**4293**-0) Von W. Priesterath, 264 S., 80 s/w-Fotos, 128 Zeichn., Pappband. ●●●

**Die Super-Sportwagen der Welt**
(**4423**-2) Von H.G. Isenberg, 194 S., 184 Farbfotos, 4 farbige Ausklapptafeln, 32 s/w-Fotos, Pappband. ●●●●

**Die Super Oldtimer der Welt**
(**4465**-8) Von H. G. Isenberg, 194 S., 161 Farb- und 36 s/w-Fotos, 4 Ausklapptafeln, Pappband. ●●●●

**Die Super-Trucks der Welt**
(**4257**-4) Von H. G. Isenberg, 194 S., 205 Farbfotos, 87 s/w-Fotos, 7 Farbzeichnungen, 4 farb. Ausklapptafeln, Pappband. ●●●●

**Die Super-Motorräder der Welt**
(**4193**-4) Von H. G. Isenberg, 192 S., 170 Farb- und 100 s/w-Fotos, 8 Zeichnungen, Pappband. ●●●●

**Die Super-Eisenbahnen der Welt**
(**4287**-6) Von W. Kosak, H. G. Isenberg, 224 S., 269 Farbfotos, 79 s/w-Fotos, 8 Vignetten, 5 farb. Ausklapptafeln, Pappband. ●●●●

## Sport und Fitneß

**Neue Lehrmethoden der Judo-Praxis**
(**0424**-9) Von P. Herrmann, 223 S., 475 Abb., kart. ●●

**Judo**
Grundlagen - Methodik. (**0305**-6) Von M. Ohgo, 208 S., 1025 Fotos, kart. ●●

**Fußwürfe**
für Judo, Karate und Selbstverteidigung. (**0439**-7) Von H. Nishioka, übers. von H.J. Heese, 96 S., 260 Abb., kart. ●●

**Modernes Karate**
Das große Standardwerk mit 2279 Abbildungen. (**4280**-9) Von T. Okazaki, Dr. med. M. V. Stricevic, übers. von M. Pabst, 376 S., 2279 s/w-Abb., Pappband. ●●●●●

**Nakayamas Karate perfekt 1**
Einführung. (**0487**-7) Von M. Nakayama, 136 S., 605 s/w-Fotos, kart. ●●

**Nakayamas Karate perfekt 2**
Grundtechniken. (**0512**-1) Von M. Nakayama, 136 S., 354 s/w-Fotos, 53 Zeichn., kart. ●●

**Nakayamas Karate perfekt 3**
Kumite 1: Kampfübungen. (**0538**-5) Von M. Nakayama, 128 S., 424 s/w-Fotos, kart. ●●

**Nakayamas Karate perfekt 4**
Kumite 2: Kampfübungen. (**0547**-4) Von M. Nakayama, 128 S., 394 s/w-Fotos, kart. ●●

**Nakayamas Karate perfekt 5**
Kata 1: Heian, Tekki. (**0571**-7) Von M. Nakayama, 144 S., 1229 s/w-Fotos, kart. ●●

**Nakayamas Karate perfekt 6**
Kata 2: Bassai-Dai, Kanku-Dai, (**0600**-4) Von M. Nakayama, 144 S., 1300 s/w-Fotos, 107 Zeichnungen, kart. ●●

**Nakayamas Karate perfekt 7**
Kata 3: Jitte, Hangetsu, Empi. (**0618**-7) Von M. Nakayama, 144 S., 1988 s/w-Fotos, 105 Zeichnungen, kart. ●●

**Nakayamas Karate perfekt 8**
Gankaku, Jion. (**0650**-0) Von M. Nakayama, 144 S., 1174 s/w-Fotos, 99 Zeichnungen, kart. ●●

**Karate für alle**
Karate-Selbstverteidigung in Bildern. (**0314**-5) Von A. Pflüger, 104 S., 323 s/w-Fotos, kart. ●●

Fit mit **Karate**
(**2308**-1) Von A. Pflüger, 96 S., 134 Farbfotos, 4 s/w-Zeichnungen, kart. ●●

**25 Shotokan-Katas**
Auf einen Blick: Karate-Katas für Prüfungen und Wettkämpfe. (**0859**-7) Von A. Pflüger, 88 S., 185 s/w-Abb., 24 ganzseitige Tafeln mit über 1.600 Einzelschritten, kart. ●●

**Kontakt-Karate**
Ausrüstung · Technik · Training. (**0396**-X) Von A. Pflüger, 112 S., 238 s/w-Fotos, kart. ●●

**Bo-Karate**
Habo-Jitsu – die Techniken des Stockkampfes. (**0447**-8) Von G. Stiebler, 176 S., 424 s/w-Fotos, 38 Zeichnungen, kart. ●●

**Karate 1**
Einführung · Grundtechniken. (**0227**-0) Von A. Pflüger, 144 S., 195 s/w-Fotos, 120 Zeichnungen, kart. ●

**Karate 2**
Kombinationstechniken · Katas. (**0239**-4) Von A. Pflüger, 176 S., 452 s/w-Fotos und Zeichnungen,kart. ●

**Karate Kata 1**
Heian 1–5, Tekki 1, Bassai Dai. (**0683**-7) Von W.-D. Wichmann, 164 S., 703 s/w-Fotos, kart. ●●

**Karate Kata 2**
Jion, Empi, Kanku-Dai, Hangetsu. (**0723**-X) Von W.-D. Wichmann, 140 S., 661 s/w-Fotos, 4 Zeichnungen, kart. ●●

Der König des Kung-Fu
**Bruce Lee**
Sein Leben und Kampf. (**0392**-7) Von L. Lee, 136 S., 104 s/w-Fotos, kart. ●●

**Bruce Lees Kampfstil 1**
Grundtechniken. (**0473**-7) Von B. Lee, M. Uyehara, 109 S., 220 Abb., kart. ●

**Bruce Lees Kampfstil 2**
Selbstverteidigungs-Techniken. (**0486**-9) Von B. Lee, M. Uyehara, 128 S., 310 Abb., kart. ●

**Bruce Lees Kampfstil 3**
Trainingslehre. (**0503**-2) Von B. Lee, M. Uyehara, 112 S., 246 Abb., kart. ●

**Bruce Lees Kampfstil 4**
Kampftechniken (**0523**-7) Von B. Lee, M. Uyehara, 104 S., 211 Abb., kart. ●

**Kung-Fu 1**
Legende · Philosophie · Grundtechniken (**0891**-0) Von Chr. Yim, 152 S., 401 s/w-Fotos, 2 s/w-Zeichnungen, kart. ●●

**Kung-Fu und Tai-Chi**
Grundlagen und Bewegungsabläufe. (**0367**-6) Von B. Tegner, 182 S., 370 s/w-Fotos, kart. ●●

**Kung-Fu**
Grundlagen · Bewegungsabläufe · Körperschule. (**0376**-5) Von M. Pabst, 160 S., 330 Abb., kart. ●●

**Bruce Lees Jeet Kune Do**
(**0440**-0) Von B. Lee, 192 S., mit 105 eigenhändigen Zeichnungen von B. Lee, kart. ●●

**Shaolin-Kempo – Kung-Fu**
Chinesisches Karate im Drachenstil. (**0395**-1) Von R. Czerni, K. Konrad, 246 S., 723 Abb., kart. ●●

**Kickboxen**
Fitneßtraining und Wettkampfsport. (**0795**-7) Von G. Lemmens, 96 S., 208 s/w-Fotos, 23 Zeichnungen, kart. ●●

**Ninja 1**
Die Lehre der Schattenkämpfer. (**0758**-2) Von S.K. Hayes, übers. von J. Schmit, 144 S., 137 s/w-Fotos, kart. ●●

**Ninja 2**
Die Wege zum Shoshin (**0763**-9) Von S.K. Hayes, übers. von J. Schmit, 160 S., 309 s/w-Fotos, 2 Zeichnungen, kart. ●●

**Ninja 3**
Der Pfad des Togakure-Kämpfers. (**0764**-7) Von S.K. Hayes, übers. von J. Schmit, 144 S., 197 s/w-Fotos, 2 Zeichnungen, kart. ●●

**Ninja 4**
Das Vermächtnis der Schattenkämpfer (**0807**-4) Von S.K. Hayes, übers. von J. Schmit, 196 S., 466 s/w-Fotos, kart. ●●

**Taekwondo perfekt 1**
Die Formenschule bis zum Blaugurt (**0890**-2) Von K. Gil, Kim Chul-Hwan, 176 S., 439 s/w-Fotos, 107 Zeichnungen, kart. ●●

**Taekwondo perfekt 2**
Die Formenschule vom Blau- bis zum Schwarzgurt
(**0976**-3) Von K. Gil, K. Chul-Hwan, 192 S., 461 s/w-Fotos, 112 Zeichnungen, kart. ●●

**Taekwondo perfekt 3**
(**1068**-0) Von K. Gil, K. Chul-Hwan, 200 S., 429 s/w-Fotos, kartoniert. ●●

**Illustriertes Handbuch des Taekwondo**
Koreanische Kampfkunst und Selbstverteidigung. (**4053**-9) Von K. Gil, 248 S., 1026 Abb., Pappband. ●●●

**Taekwon-Do**
Koreanischer Kampfsport. (**0347**-1) Von K. Gil, 152 S., 408 Abb., kart. ●●

**Ju-Jutsu als Wettkampf**
(**0826**-0) Von G. Kulot, 168 S., 418 s/w-Fotos 2 Zeichnungen, kart. ●●

**Ju-Jutsu 1**
Grundtechniken - Moderne Selbstverteidigung. (**0276**-9) Von W. Heim, F.J. Gresch, 164 S., 450 s/w-Fotos, 8 Zeichn., kart. ●

**Ju-Jutsu 2**
für Fortgeschrittene und Meister. (**0378**-1) Von W. Heim, F. J. Gresch, 160 S., 798 s/w-Fotos, kart. ●●

**Ju-Jutsu 3**
Spezial-, Gegen- und Weiterführungs-Techniken · Stockkampfkunst. (**0485**-0) Von W. Heim, F.J. Gresch, 200 S., über 600 s/w-Fotos, kart. ●●

**Aikido**
Lehren und Techniken des harmonischen Weges. (**0537**-7) Von R. Brand, 280 S., 697 Abb., kart. ●●

**Hap Ki Do**
Koreanische Selbstverteidigung nach dem Lehrsystem des Großmeisters. (**0379**-X) Von Kim Sou Bong, 112 S., 152 Abb., kart. ●●

**Dynamische Tritte**
Grundlagen für den Zweikampf. (**0438**-9) Von C. Lee, 96 S., 398 s/w-Fotos, 10 Zeichnungen, kart. ●●

**Selbstverteidigung**
Abwehrtechniken für Sie und Ihn (**0853**-8) Von E. Deser, 96 S., 259 s/w-Fotos, kart. ●

Die Faszination athletischer Körper
**Bodybuilding**
mit Weltmeister Ralf Möller. (**4281**-7) Von R. Möller, 128 S., 169 Farbfotos, 14 s/w-Fotos, 1 Farbzeichn., Pappband. ●●●●

**Bodyshaping · Bodybuilding**
Mit Anja Albrecht zur Idealfigur. (**4405**-4) Von A. Albrecht, 128 S., 164 Farbfotos, 4 s/w-Fotos, 1 Farb- und 1 s/w-Zeichnung, Pappband. ●●●●

**Ladyfitneß**
Das neue Körperbewußtsein der Frau
Bodyshaping · Körperpflege · Ernährung · Entspannung
(**4433**-X) Von Prof. Dr. S. Starischka, B. Grabis, D. von Gramm, G.W. Kienitz, ca. 128 S., ca. 113 Farbfotos, Pappband. ●●●

**Bodybuilding für Frauen**
Wege zu Ihrer Idealfigur (**0661**-6) Von H. Schulz, 112 S., 84 s/w-Fotos, 4 Zeichnungen, kart. ●

Fit mit **Bodybuilding**
(**2314**-6) Von L. Spitz, 112 S., 203 Farbabbildungen, 10 Tabellen. ●●

**Bodybuilding** Anleitung zum Muskel- und Konditionstraining für sie und ihn. (**0604**-7) Von R. Smolana, 160 S., 171 s/w-Fotos, kart. ●

**Hanteltraining zu Hause**
(**0800**-7) Von W. Kieser, 80 S., 71 s/w-Fotos, 4 Zeichnungen, kart. ●

**Leistungsfähiger durch Krafttraining**
Eine Anleitung für Fitness-Sportler, Trainer und Athleten (**0617**-9) Von W. Kieser, 96 S., 20 s/w-Fotos, 62 Zeichnungen, kart. ●

**Fit und gesund**
Fitneßtraining und Bodybuilding zu Hause. Trainingsprogramme für Ihr Wohlbefinden. (**0782**-5) Von Prof. Dr. S. Starischka, 80 S., 100 Farbfotos, 3 Zeichnungen, kart. ●●

**Optimale Ernährung**
für Krafttraining und Budybuilding. (**0912**-7) Von B. Dahmen, 88 S., 8 Farbtafeln, 8 Zeichnungen, kart. ●

Fit mit **Bio-Training**
für Kraft, Ausdauer und Schnelligkeit (**2310**-3) Von L. Spitz, 112 S., 197 Farbfotos, 11 Farb- und 4 s/w-Zeichnungen, kart. ●●

Top-Form im Sport
**Ernährungs-Training**
Das Erfolgsprogramm für den Ausdauersportler. (**0945**-3) Von M. Inzinger, Dipl.-Oec. troph. G. Wagner, 160 S., 31 Farbzeichnungen, 16 Grafiken, kart. ●●

Gesund und fit durch **Konditionstraining und Wirbelsäulengymnastik**
(**0844**-9) Von R. Milser u. K. Grafe, 104 S., 99 Farbfotos, 12 Farbzeichnungen, 5 s/w-Zeichnungen, kart. ●●

Fit mit **Tai Chi**
als sanfte Körpererfahrung (**2305**-7) Von B. u. K. Moegling, 112 S., 121 Farbfotos, 6 Farb- u. 4 s/w-Zeichnungen, kart. ●●

**Isometrisches Training**
Übungen für Muskelkraft und Entspannung. (**0529**-6) Von L. M. Kirsch, 140 S., 162 s/w-Fotos, kart. ●●

**Stretching**
Mit Dehnungsgymnastik zu Entspannung. Geschmeidigkeit und Wohlbefinden. (**0717**-5) Von H. Schulz, 80 S., 90 s/w-Fotos, kart. ●

Fit mit **Stretching**
(**2304**-9) Von B. Kurz, 96 S., 255 Farbfotos, kart. ●●

**Gesund und fit durch Gymnastik**
(**0366**-8) Von H. Pilss-Samek, 88 S., 130 Abb., kart. ●

**Fit und frisch**
Gymnastik für die ganze Familie (**6501**-9) Von G. Sieber, 104 S., 306 Farbfotos, 5 Farbzeichnungen, kart., mit Audiokassette, Laufzeit 30 Min., ●●●

**Fit mit Frank Elstner**
Das neue Aktiv-Programm (**4430**-5) Hrsg. von Frank Elstner, fachl. Mitarbeiter Prof. Dr. S. Starischka u. a., 184 S., 215 Farbfotos, 72 Zeichnungen, 8 farbige Grafiken. ●●●●

Fit mit **Laufen**
(**2315**-4) Von W. Sonntag, 96 S., 60 Farbfotos, 8 Farbzeichnungen, kart. ●●

**Spaß am Laufen**
Jogging für die Gesundheit. (**0470**-2) Von W. Sonntag. 140 S., 41 s/w-Fotos, 1 Zeichnung, kart. ●

Fit mit **Sportschießen**
(**2312**-X) Von H. Gabelmann, ca. 112 S., ca. 100 Farbabbildungen, kart. ●●

**Fechten**
Florett · Degen · Säbel. (**0449**-4) Von E. Beck, 88 S., 185 Fotos, 10 Zeichnungen, kart. ●●

Fit mit **Sportabzeichen**
(**2307**-3) Von G. Hennige, 104 S., 107 Farbfotos, kart. ●●

**Volleyball**
Technik · Taktik · Regeln. (**0351**-X) Von H. Huhle, 104 S., 330 Abb., kart. ●

Fit mit **Volleyball**
(**2302**-2) Von Dr. A. Scherer, 104 S., 27 Farb- und 1 s/w-Foto, 12 Farb- und 29 s/w-Zeichnungen, kart. ●●

Fit mit **Fußball**
(**2309**-X) Von H. Obermann, P. Walz, 112 S., 47 Farbfotos, 18 Farb- und 25 s/w-Zeichnungen, kart. ●●

**Handball**
Technik · Taktik · Regeln. (**0426**-5) Von F. und P. Hattig, 128 S., 91 s/w-Fotos, 121 Zeichnungen, kart. ●●

**Die neue Tennis-Praxis**
Der individuelle Weg zu erfolgreichem Spiel. (**4097**-0) Von R. Schönborn, 240 S., 202 Farbzeichnungen, 31 s/w-Abb., Pappband. ●●●●

**Tennis**
Technik · Taktik · Regeln. (**0375**-7) Von W. u. S. Taferner, 112 S., 81 Abb., kart. ●

**Tischtennis-Technik**
Der individuelle Weg zu erfolgreichem Spiel. (**0775**-2) Von M. Perger, 144 S., 296 Abb. kart. ●●

**Badminton**
Technik · Taktik · Training. (**0699**-3) Von K. Fuchs, L. Sologub, 168 S., 51 Abb., kart., ●●

**Squash**
Ausrüstung · Technik · Regeln. (**0539**-3) Von D. von Horn, H.-D. Stünitz, 96 S., 55 s/w-Fotos, 25 Zeichnungen, kart. ●

Fit mit **Squash**
(**2311**-1) Von P. Langhammer, R. Michna, 96 S., 86 Farbfotos, 13 Farbzeichnungen, kart. ●●

**Eishockey**
Lauf- und Stocktechnik, Körperspiel, Taktik, Ausrüstung und Regeln. (**0414**-1) Von J. Čapla, 264 S., 548 s/w-Fotos, 163 Zeichnungen, kart. ●●

**Golf**
Ausrüstung und Technik. (**0343**-9) Von J.C. Jessop, übersetzt von H. Biemer, mit einem Vorwort von H. Krings, Präsident des Deutschen Golf-Verbandes, 96 S., 57 Abb., Anhang Golfregeln des DGV, kart. ●●

**Pool-Billard**
(**0484**-2) Herausgegeben vom Deutschen Pool-Billard-Bund. Von M. Bach, K.-W. Kühn, 104 S., 64 Abb., kart. ●

**Tanzstunde**
Das Welttanzprogramm leicht gelernt (**4409**-2) Von G. Hädrich, 164 S., 489 s/w-Fotos, 63 Zeichnungen, Pappband. ●●●

**Wir lernen tanzen**
Standard- und lateinamerikanische Tänze (**0200**-9) Von E. Fern, 152 S., 119 s/w-Fotos, 47 Zeichnungen, kart. ●

Fit mit **Tanzen**
(**2303**-0) Von K. Richter, H. Kleinow, 96 S., 102 Farbfotos, kart. ●●

**Dancing**
Moderne Discotänze: mit Mambo und Salsa (**0977**-1) Von B. und F. Weber, 96 S., 207 s/w-Fotos, kart. ●●

**Jive**
(**5174**-3) Von Peter Wolff, 32 S., 66 Farbfotos, 7 Zeichng., mit Tanzteppich, kartoniert. ●

**Cha-Cha-Cha**
(**5177**-9) Von Peter Wolff, 32 S., 51 Farbfotos, 10 Zeichnungen, mit Tanzteppich, kartoniert. ●

**Foxtrott**
(**5172**-7) Von Peter Wolff, 32 S., 55 Farbfotos, 10 Zeichnungen, mit Tanzteppich, kartoniert. ●

**Langsamer Walzer**
(**5173**-5) Von Wolff, 32 S., 50 Farbfotos, 10 Zeichnungen, mit Tanzteppich, kartoniert. ●

**Dirty Dancing**
Step by Step leicht gelernt (**0992**-5) Von D. Glück, G. Teusen, 80 S., 140 Farbfotos, kart. ●●

Anmutig und fit durch
**Bauchtanz**
(**0911**-9) Von Marta, 120 S., 229 Farbfotos, 6 s/w-Zeichnungen, kart. ●●

**Sporttauchen**
Theorie und Praxis des Gerätetauchens (**0647**-0) Von S. Müßig, 144 S., 8 Farbtafeln, 35 s/w-Fotos, 89 Zeichnungen, kart. ●●

**Angelfischerei von Aal bis Zander**
Fische · Geräte · Technik. (**0324**-2) Von H. Oppel, 72 S., 16 Farbt., 49 s/w-Abb., kart. ●●

**Angeln**
Kleine Fibel für den Sportfischer. (**0198**-3) Von E. Bondick, 80 S., 4 Farbt., 116 Abb., kart. ●

Falken-Handbuch **Angeln**
in Binnengewässern und im Meer. (**4090**-3) Von H. Oppel, 344 S., 24 Farbtafeln, 66 s/w-Fotos, 151 Zeichn., gebunden. ●●●●

**Funboard-Surfen**
Material · Technik · Regatten · Internationale Reviere. (**4297**-3) Von J. Evans, 144 S., 106 Farbfotos, 9 Farbzeichnungen, 68 zweifarbige und 5 s/w-Zeichnungen, kart. ●●●

Fit mit
**Surfen**
(**2317**-3) Von H. Mönster, K.-H. Eden, B. Bohr, 104 S., 110 Farbfotos, 23 s/w-Zeichnungen, kartoniert. ●●

**TELESKI**
Skigymnastik perfekt (**1037**-0) Von M. Vorderwülbecke, G. Kern, 120 S., 220 Farbfotos, 16 farbige Grafiken, 19 Farbzeichnungen, kartoniert. ●●

**Fibel für Kegelfreunde**
Sport- und Freizeitkegeln · Bowling (**0191**-6) Von G. Bocsai, 72 S., 62 Abb., kart. ●

Fit mit **Kegeln**
(**2301**-4) Von G. Gromann, 96 S., 51 Farbfotos, 50 Farb- und 4 s/w-Zeichnungen, kart. ●●

**Beliebte und neue Kegelspiele**
(**0271**-8) Von H. Regulski, 92 S., 62 Abb., kart. ●

**111 spannende Kegelspiele**
(**2031**-7) Von H. Regulski, 80 S., 53 Zeichnungen, kart. ●

## Schach

**Einführung in das Schachspiel**
(**0104**-5) Von W. Wollenschläger und K. Colditz, 112 S., 116 Diagramme, kart. ●

Falken-Handbuch
**Schach**
(**4051**-2) Von T. Schuster, 360 S., über 340 Diagramme, gebunden. ●●●●

**Spielend Schach lernen**
(**2002**-3) Von T. Schuster, 96 S., kart. ●

**Kinder- und Jugendschach**
Offizielles Lehrbuch des Deutschen Schachbundes zur Erringung der Bauern-, Turm- und Königsdiplome. (**0561**-X) Von B.J. Withuis, H. Pfleger, 144 S., 220 Zeichnungen und Diagramme, kart. ●●

**Zug um Zug**
**Schach für jedermann 1**
Offizielles Lehrbuch des Deutschen Schachbundes zur Erringung des Bauerndiploms. (**0648**-9) Von H. Pfleger, E. Kurz, 80 S., 24 s/w- Fotos, 8 Zeichn., 60 Diagramme, kart. ●

FALKEN-Software
Zug um Zug
**Schach für jedermann 1**
(**7015**-2) Wendediskette für C 64/C 128 PC, mit Begleitheft. ●●●*

(**7005**-1) Wendediskette für Atari ST 520/1040 mit Begleitheft. ●●●●●*

**Zug um Zug**
**Schach für jedermann 2**
Offizielles Lehrbuch des Deutschen Schachbundes zur Erringung des Turmdiploms. (**0659**-4) Von H. Pfleger, E. Kurz, 128 S., 7 s/w-Fotos, 13 Zeichnungen, 78 Diagramme, kart. ●

**Zug um Zug**
**Schach für jedermann 3**
Offizielles Lehrbuch des Deutschen Schachbundes zur Erringung des Königdiploms. (**0728**-0) Von H. Pfleger, G. Treppner, 128 S., 4 s/w-Fotos, 84 Diagramme, 10 Zeichnungen, kart. ●

**Schach für Fortgeschrittene**
Taktik und Probleme des Schachspiels (**0219**-X) Von R. Teschner, 88 S., 85 Diagramme, kart. ●

**Neue Schacheröffnungen**
(**0478**-8) Von T. Schuster 104 S., 100 Diagramme, kart. ●

**Lehr-, Übungs- und Testbuch der Schachkombinationen**
(**0649**-7) Von K. Colditz, 184 S., 227 Diagramme, kart. ●●

**Erfolgreiche Schachlehre**
Eröffnungs- und Mittelspielstrategie (**0991**-7) Von D. Bronstein, 254 S., 201 Diagramme, Pappband. ●

**Faszinierendes Schach**
(**0989**-5) Von I. Linder, 285 S., 295 Diagramme, Pappband. ●●

Die hohe Schule der
**Schachkombinationen**
(**0920**-8) Von W. Golz, P. Keres, 272 S., 322 Diagramme, Pappband. ●●

**Schwerfiguren greifen ein**
(**0979**-8) Von J. Damski, 184 S., 244 Diagramme, Pappband. ●●

**Sizilianisch siegen**
durch die Kunst der Verteidigung (**0990**-2) Von M. Taimanow, 160 S., 124 Diagramme, Pappband. ●●

**Schnelle Schachsiege**
Das meisterliche Gambitspiel (**1038**-9) Von S. Samarian, 28 S., 125 Diagramme, kartoniert. ●●

Offizielles Lehrbuch des Deutschen Schachbundes
**Das systematische Schachtraining**
Trainingsmethoden, Strategien und Kombinationen. (**0857**-0) Von Sergiu Samarian, 152 S., 159 Diagramme, 1 Zeichn., kart. ●●

**Taktische Schachendspiele**
(**0752**-3) Von J. Nunn, 208 S., 152 Diagramme, kart. ●●

**Schachstrategie**
Ein Intensivkurs mit Übungen und ausführlichen Lösungen. (**0584**-9) Von A. Koblenz, dt. Bearb. von K. Colditz, 212 S., 240 Diagramme, kart. ●●

**Schachtraining mit den Großmeistern**
(**0670**-5) Von H. Bouwmeester, 128 S., 90 Diagramme, kart. ●●

**Die besten Partien deutscher Schachgroßmeister**
(**4121**-7) Von H. Pfleger, 192 S., 29 s/w-Fotos, 89 Diagramme, Pappband. ●●●

**So denkt ein Schachmeister**
Strategische und taktische Analysen. (**0915**-1) Von H. Pfleger, G. Treppner, 120 S., 75 Diagramme, kart. ●●

**Schach als Kampf**
Meine Spiele und mein Weg. (**0729**-9) Von G. Kasparow, 144 S., 95 Diagramme, 9 s/w-Fotos, kart. ●●

**Kasparows Schacheröffnungen**
(**1021**-4) Von O. Borik, 136 S., 16 s/w-Fotos, kartoniert. ●●

Helmut Pflegers
**Schachkabinett**
Amüsante Aufgaben – überraschende Lösungen. (**0877**-5) Von H. Pfleger, 160 S., 118 Diagramme, kart. ●●

**Schach mit dem Computer**
(**0747**-7) Von D. Frickenschmidt, 140 S., 112 Diagramme, 29 s/w-Fotos, 5 Zeichnungen, kart. ●●

FALKEN-Software
**Das komplette Schachprogramm**
Spielen, Trainieren, Problemlösen mit dem Computer. (**7006**-3) Von J. Egger, Diskette für C 64, C 128 PC, mit Begleitheft. ●●●●●*

# Mensch und Gesundheit

**Total verknallt… und keine Ahnung?**
Alles über Liebe, Sex und Zärtlichkeit (**1024**-9) Von H. Bruckner, R. Rathgeber, 104 S., 38 Abbildungen, kartoniert. ●●

**Sinnliche Liebe**
Sex und Partnerschaft (**4436**-4) Von Dr. A. Stanway, 160 S., 60 vierfarbige Illustrationen, Pappband. ●●●●

Streicheleinheiten für Körper und Seele
**Partner Massage**
(**4444**-5) Von Chr. Unseld-Baumanns, 136 S., 145 Farbfotos, Pappband. ●●●●

Der moderne Ratgeber
**Wir werden Eltern**
Schwangerschaft · Geburt · Erziehung des Kleinkindes. (**4269**-8) Von B. Nees-Delaval, 376 S., 335 2-farbige Abb., Pappband. ●●●●

**Wenn Sie ein Kind bekommen**
(**4003**-2) Von U. Klamroth, Dr. med. H. Oster, 240 S., 86 s/w-Fotos, 30 Zeichn., kart. ●●●

**Wenn der Mensch zum Vater wird**
Ein heiter-besinnlicher Ratgeber (**4259**-0) Von D. Zimmer, 160 S., 20 Zeichnungen, Pappband. ●●

Vorbereitung auf die Geburt und
**Schwangerschaftsgymnastik**
Atmung, Rückbildungsgymnastik. (**0251**-3) Von s. Buchholz, 112, S., 98 s/w-Fotos, kart. ●

**Yoga für Schwangere**
Der Weg zur sanften Geburt (**0777**-9) Von V. Bolesta-Hahn, 112 S., 76 zweifarbige Abb., kart. ●●

**Die Kunst des Stillens**
nach neuesten Erkenntnissen (**0701**-9) Von Prof. Dr. med. E. Schmidt, S. Brunn, 112 S., 20 Fotos und Zeichnungen, kart. ●

**Das Babybuch**
Pflege · Ernährung · Entwicklung (**0531**-8) Von A. Burkert, 96 S., 76 zweifrg. Zeichn., 22 s/w-Zeichn., kart. ●●

**Babyfitness**
Massage, Spiele, Gymnastik und Schwimmen für Kinder im 1. Lebensjahr (**1034**-6) Von G. Zeiß, 112 S., 179 zweifarbige Illustrationen, kartoniert. ●●

**Wenn Kinder krank werden**
Medizinischer Ratgeber für Eltern (**4240**-X) Von Dr. med. I.J. Chasnoff, B. Nees-Delaval, 232 S., 163 Zeichn., Pbd.. ●●●

FALKEN-Software
**Ego-Tests**
Sich und andere besser erkennen und verstehen. (**7012**-8) Diskette für IBM PC kompatible (MS DOS) mit Begleitheft. ●●●●●*

**Bildatlas des menschlichen Körpers**
(**4177**-2) Von G. Pogliani, V. Vannini, 112 S., 402 Farbabb. 28 s/w-Fotos, Pappband. ●●●

**Das moderne Hausbuch der Naturheilkunde**
Neueste Erkenntnisse der Ganzheitsmedizin von Akupressur bis Zelltherapie (**4403**-8) Von G. Leibold, 448 S., 263 Farbzeichn., 15 s/w-Fotos, Pappband. ●●●●●

**Pillenpreise unverblümt**
Rezeptfreie Medikamente:
Medizinische Grundlagen · Wirkungen · Risiken · Preisübersicht
(**4426**-7) Von Dr. rer.nat. K. Mayer, 248 S., franz. Broschur. ●●●

**Ratgeber Aids**
Entstehung, Ansteckung, Krankheitsbilder, Heilungschancen, Schutzmaßnahmen (**0803**-1) Von B. Baartman, Vorwort von Dr. med. H. Jäger, 112 S., 8 Farbtafeln, 4 Grafiken, kart. ●●

**Nahrungsmittelallergien**
So ernähren Sie sich richtig! (**0913**-5) Von Priv-Doz.Dr.med.Dr.med.habil. J. von Mayenburg, Prof. Dr. med. Dr. phil. S. Borelli, E. Polster, 136 S., kart. ●●

**Diabetes**
Krankheitsbild, Therapie, Kontrollen, Schwangerschaft, Sport, Urlaub, Alltagsprobleme, Neueste Erkenntnisse der Diabetesforschung. (**0895**-3) Von Dr. med. H.J. Krönke, 120 S., 4 Farbtafeln, 14 s/w-Fotos, 13 s/w-Zeichnungen, kart. ●

**Rheuma und Gicht**
Krankheitsbilder, Behandlung, Therapieverfahren, Selbstbehandlung. Richtige Lebensführung und Ernährung. (**0712**-4) Von Dr. J. Höder, J. Bandick, 104 S., kart. ●

**Asthma**
Pseudokrupp, Bronchitis und Lungenemphysem. (**0778**-7) Von Prof. Dr. med. W. Schmidt, 120 S., 56 Zeichnungen, kart. ●

**Krampfadern**
Ursachen, Vorbeugung, Selbstbehandlung, Therapieverfahren. (**0727**-2) Von Dr. med. K. Steffens, 112 S., 38 Abb., kart. ●

**Gallenleiden**
Krankheitsbilder, Behandlung, Therapieverfahren, Selbstbehandlung. Richtige Lebensführung und Ernährung. (**0673**-X) Von Dr. med. K. Steffens, 104 S., 34 Zeichnungen, kart. ●

**Arteriosklerose**
Risikofaktoren/Vorbeugung/Therapie
Richtige Ernährung bei erhöhtem Cholesterinspiegel
(**1020**-6) Von Prof. Dr. med. G. Assmann, Dr. troph. U. Wahrburg, 192 S., 84 farb. Abb., 4 s/w-Zeichnungen, kartoniert.

**Naturkosmetik**
Die Grundlagen gesunder und natürlicher Hautpflege
(**1080**-X) Von N. E. Haas, 120 S., 63 Farbabb., kartoniert. ●●

Gesundheit durch altbewährte Kräuterrezepte und Hausmittel aus der
**Natur-Apotheke**
(**4156**-X) Von G. Leibold, 236 S., 8 Farbtafeln, 100 Zeichnungen, kart. ●●

**Heiltees und Kräuter für die Gesundheit**
(**4123**-3) Von G. Leibold, 136 S., 15 Farbtafeln, 16 Zeichnungen, kart. ●●

**Fastenkuren**
Wege zur gesunden Lebensführung. Rezepte und Tips für die Nachfastenzeit. Kurzfasten · Saftfastenkuren · Fastenschalttage · Heilfasten. (**4248**-5) Von Ha. A. Mehler, H. Keppler, 144 S., 16 s/w-Fotos, 9 Zeichn., Pbd. ●●●

Die sanfte Art des Heilens
**Homöopathie**
Praktische Anwendung und Arzneimittellehre
(**4418**-X) Von J. H. P. Kreuter, 216 S., 49 Zeichnungen, Pappband. ●●●

Massagetechniken und Heilanzeigen
**Reflexzonentherapie**
(**4404**-6) Von G. Leibold, 128 S., 53 Farbzeichungen, Pappband. ●●●

**Wetterfühligkeit**
Vorbeugen und behandeln
Der Einfluß von Wetter und Klima auf Körper und Psyche
(**0998**-4) Von Dipl.-Met. H. Trenkle, fachl. Beratung Prof. Dr. V. Faust, 120 S., 8 Farbtafeln, 31 zweifarbige Abbildungen und Tabellen, kartoniert. ●●

**Heilatmen**
Ein Weg zu Lebenskraft und innerer Harmonie
(**1047**-8) Von K. Schutt, 112 S., 57 zweifarbige Abb., kartoniert. ●●●

Bewährte Naturheilverfahren bei
**Asthma und Bronchitis**
(**1083**-4) Von G. Leibold, 112 S., kartoniert. ●

**Kneippkuren zu Hause**
(**0779**-5) Von G. Leibold, 112 S., 25 Zeichnungen, kartoniert. ●

Entspannung und Schmerzlinderung durch
**Massage**
(**0750**-7) Von B. Rumpler, K. Schutt, 112 S., 116 zweifarbige Zeichnungen, kart. ●

**Besser sehen durch Augentraining**
Ein Gesundheitsprogramm zur Verbesserung des Sehvermögens.
(**0914**-3) Von K. Schutt, B. Rumpler, 96 S., 32 s/w-Zeichnungen, kart. ●

Bewährte Naturheilverfahren bei
**Herz-Kreislauf-Erkrankungen**
(**1084**-2) Von Dr. med. O. Wolff, G. Leibold, 104 S., kartoniert. ●

**Krebsangst und Krebs behandeln**
Mit einem Vorwort von Prof. Dr. med. Friedrich Douwes. (**0839**-2) Von G. Leibold, 104 S., kart. ●

Bewährte Naturheilverfahren bei
**Krebs**
(**1082**-6) Hrsg. H.-R. Heiligtag, 88 S., kartoniert. ●

**Hypnose und Autosuggestion**
Methoden - Heilwirkungen - praktische Beispiele. (**0483**-4) Von G. Leibold, 120 S., 9 Illustrationen, kart. ●

Bewährte Naturheilverfahren bei
**Migräne und Schlafstörungen**
(**1081**-8) Von G. Leibold, Dr. med. H. Chr. Scheiner, 112 S. kartoniert. ●

**Gesunder Schlaf**
Schlafstörungen ohne Medikamente erfolgreich behandeln
(**1036**-2) Von D. H. Alke, 88 S., 22 s/w-Abb., mit Audiokassette, kartoniert. ●●●

**Akupressur** zur Eigenbehandlung
(**0417**-6) Von G. Leibold, 112 S., 78 Abb., kart. ●

**Enzyme**
Vitalstoffe für die Gesundheit
(**0677**-2) Von G. Leibold, 96 S., kart. ●

**Fußsohlenmassage**
Heilanzeigen · Technik · Selbsthilfe
(**0714**-0) Von G. Leibold, 96 S., 38 Zeichnungen, kart. ●

**Rheuma behandeln und lindern**
Mit einem Vorwort von Dr. med. Max-Otto-Bruker. (**0836**-8) Von G. Leibold, 96 S., kart. ●

**Heilfasten**
Entschlacken · Regenerieren · Abnehmen
(**0713**-2) Von G. Leibold, 96 S., kart. ●

**Besser leben durch Fasten**
(**0841**-4) Von G. Leibold, 96 S., kart. ●

**Die echte Schroth-Kur**
(**0797**-3) Von Dr. med. R. Schroth, 88 S., 2 s/w-Fotos, kart. ●

**Allergien behandeln und lindern**
Mit einem Vorwort von Prof. Dr. med. Axel Stemmann.
(**0840**-6) Von G. Leibold, 96 S., 4 Zeichnungen, kart. ●

**Entspannung**
(**0834**-) Von Dr. med. Chr. Schenk, 88 S., 29 Zeichnungen, kart. ●

Erfolg und Lebensfreude durch
**Autogenes Training und Psychokybernetik**
(**1035**-4) Von D. H. Alke, 80 S., 2 s/w-Zeichnungen, mit Audiokassette, kartoniert. ●●●

**Autogenes-Training**
Anwendung · Heilwirkungen · Methoden
(**0541**-5) Von R. Faller, 112 S., 3 Zeichn., kart. ●

**Chinesische Naturheilverfahren**
Selbstbehandlung mit bewährten Methoden der physikalischen Therapie. Atemtherapie · Heilgymnastik · Selbstmassage · Vorbeugen · Behandeln · Entspannen.
(**4247**-7) Von F.T. Lie, 160 S., 292 zweifarbige Zeichnungen, Pappband. ●●●

Chinesisches Schattenboxen
**Tai-Ji-Quan**
für geistige und körperliche Harmonie
(**0850**-3) Von F. T. Lie, 120 S., 221 s/w-Fotos, 9 s/w-Zeichnungen, Beilage: 1 s/w-Poster mit zahlreichen Abbildungen, kart. ●●

Fit mit **Tai Chi**
als sanfte Körpererfahrung
(**2305**-7) Von B. und K. Moegling, 112 S., 121 Farbfotos, 6 Farbzeichnungen, kart. ●●

**Yoga**
Weg zur Harmonie
(**4417**-8) Von A. Harf, W. von Rohr, 176 S., 171 Farbfotos, 12 s/w-Zeichnungen, Pbd. ●●●●

Bauch, Taille und Hüfte gezielt formen durch
**Aktiv-Yoga**
(**0709**-4) Von K. Zebroff, 112 S., 102 Farbfotos, kart. ●●

**Yoga für Jeden**
(**0341**-2) Von K. Zebroff. 156 S., 135 Abb., Spiralbindung. ●●●

**Yoga gegen Haltungsschäden und Rückenschmerzen**
(**0394**-3) Von A. Raab, 104 S., 215 Abb., kart. ●

Chinesische Punktmassage
**Akupressur**
(**4419**-4) Von F.T. Lie, 192 S., 332 zweifarbige Abb., Pappband. ●●●

**Shiatsu-Massage**
Hormonisierung der Energieströme im Körper.
(**0615**-2) Von G. Leibold, 196 S., 180 Abb., kart. ●●●

**Diät bei Darmkrankheiten**
Durchfall - Divertikulose, Reizdarm und Darmträgheit - einheimische Sprue (Zöllakie) - Disaccharidasemangel - Dünndarmresektion - Dumping Syndrom. Rezeptteil von B. Zöllner. (**3211**-0) Von Prof. Dr. med. G. Strohmeyer, 88 S., 4 Farbtafeln, kart. ●●

**Ballaststoffreiche Kost bei Funktionsstörungen des Darms**
Rezeptteil von B. Zöllner.
(**3212**-9) Von Prof. Dr. med. H. Kasper, 96 S., 34 Farbfotos, 1 s/w-Foto, kart. ●●

**Diät bei Krankheiten des Magens und Zwölffingerdarms**
Rezeptteil von B. Zöllner, (**3201**-3) Von Prof. Dr. med. H. Kaess, 96 S., 35 Farbfotos, 1 s/w-Zeichnung, kart. ●●

**Diät bei Krankheiten der Gallenblase, Leber und Bauchspeicheldrüse**
Rezeptteil von B. Zöllner.
(**3207**-2) Von Prof. Dr. med. H. Kasper, 88 S., 35 Farbfotos, 1 s/w-Zeichnung, kart. ●●

**Diät bei Übergewicht**
Rezeptteil von B. Zöllner.
(**3209**-9) Von Prof. Dr. med. Ch. Keller, 104 S., 42 Farbfotos, 3 s/w-Zeichnungen, kart. ●●

**Diät bei Gicht und Harnsäuresteinen**
Rezeptteil von B. Zöllner.
(**3205**-6) Von Prof. Dr. med. N. Zöllner, ca. 100 S., ca. 40 Farbtafeln, kart. ●●

**Diät bei Herzkrankheiten und Bluthochdruck**
Rezeptteil von B. Zöllner. (**3202**-1) Von Prof. Dr. med. H. Rottka, 92 S., 4 Farbtafeln, kart. ●●

**Richtige Ernährung wenn man älter wird**
Rezeptteil von B. Zöllner. (**3204**-8) Von Prof. Dr. med. H.-J. Pusch. 96 S., 36 Farbfotos und 3 s/w-Zeichnungen, kart. ●●

**Diät bei Erkrankungen der Nieren, Harnwege und bei Dialysebehandlung**
Rezeptteil von B. Zöllner. (**3203**-X) Von Prof. Dr. med. Dr. h. c. H. J. Sarre und Prof Dr. med. R. Kluthe, 96 S., 33 Farbfotos, 1 s/w-Zeichnung, kart. ●●

**Diät bei Zuckerkrankheit**
Rezeptteil von B. Zöllner. (**3206**-4) Von Prof. Dr. med. P. Dieterle, 112 S., 42 Farbfotos, 4 vierfarbige Vignetten, 1 s/w-Zeichnung, kart. ●●

**Die aktuelle Colesterin-Tabelle**
(**1088**-5) Hersg. von Dr. H. Oberritter, 84 S., 1 zweifarbige Grafiken, kartoniert. ●

**Kochen für Diabetiker**
Gesund und schmackhaft für die ganze Familie. (**4132**-2) Von M. Toeller, W. Schumacher, A. C. Groote, 224 S., 109 Farbfotos, 94 Zeichnungen, Pappband. ●●●

Neue Rezepte für **Diabetiker-Diät**
Vollwertig - abwechslungsreich - kalorienarm. (**0418**-4) Von M. Oehlrich, 96 S., 8 Farbtafeln, kart. ●

**Diät bei Störungen des Fettstoffwechsels und zur Vorbeugung der Arteriosklerose**
Rezeptteil von B. Zöllner. (**3208**-0) Von Prof. Dr. med. G. Wolfram. ca. 100 S., ca. 40 Farbfotos, kartoniert. ●●

## Garten und Tiere

**Garten heute**
Der moderne Ratgeber · Über 1000 Farbbilder. (**4283**-3) Von H. Jantra, 384 S., über 1000 Farbabb., Pappband. ●●●●

**Blütenpracht in Haus und Garten**
Der große praktische Ratgeber mit über 1000 farbigen Abb.
(**4145**-4) Von M. Haberer, u.a. 352 S., 1012 Farbfotos, Pbd. ●●●●

**1000 ganz bewährte Garten-Tips**
(**4453**-4) Von H. Jantra, 320 S., 288 zweifarbige und 62 s/w-Zeichnungen, Pappband. ●●●

**Blütenpracht aus winterharten Blumenzwiebeln**
(**0772**-8) Von H. Lass, 112 S., 120 Farbfotos und Zeichnungen, kart. ●●

**Erfolgstips für den Obstgarten**
Gesunde Früchte durch richtige Sortenwahl und Pflege.
(**0827**-9) Von F. Mühl, 184 S., 16 Farbtafeln, 33 Zeichnungen, kart. ●●

**Erfolgstips für den Gemüsegarten**
Mit naturgemäßem Anbau zu höherem Ertrag. (**0674**-8) Von F. Mühl, 80 S., 30 s/w-Fotos, 4 Zeichnungen, kart. ●

**Mischkultur im Nutzgarten**
Mit Jahreskalender und Anbauplänen
(**0651**-9) Von H. Oppel, 112 S., 8 Farbtafeln, 23 s/w-Fotos, 29 Zeichnungen, kart. ●

**Der richtige Schnitt von Obst- und Ziergehölzen, Rosen und Hecken**
(**0619**-5) Von E. Zettl, 88 S., 8 Farbtafeln, 39 Zeichnungen, 21 s/w-Fotos, kart. ●

**Gesunde Zierpflanzen im Garten**
Krankheiten erkennen und behandeln
Mit neuem Diagnose-System
(**4429**-1) Von Prof. Dr. G. Stelzer, 208 S., 456 Farbfotos, 5 s/w- und 5 Farbzeichnungen, Pappband. ●●●●

**Erfolgstips für den Ziergarten**
Schmuckpflanzen und Rasen richtig pflegen
(**0930**-5) Von F. Mühl, 156 S., 12 Farbtafeln, 26 s/w-Zeichnungen, kart. ●●

Erfolgreich gärtnern mit
**Frühbeet und Folie**
(**0828**-7) Von Dr. Gustav Schoser, 88 S., 8 Farbtafeln, 46 s/w-Fotos, kart. ●

**Das Bio-Gartenjahr**
Arbeitsplan für naturgemäßes Gärtnern
(**4169**-1) Von N. Jorek, 128 S., 8 Farbtafeln, 70 s/w-Abb., kart. ●●

**Erfolgreich gärtnern**
durch naturgemäßen Anbau
(**4252**-3) Von I. Gabriel, 416 S., 176 Farbfotos, 212 Farbzeichnungen, Pappband. ●●●

**Leben im Naturgarten**
Der Biogärtner und seine gesunde Umwelt
(**4124**-1) Von N. Jorek, 128 S., 68 s/w-Fotos, kart. ●●

**Aktion Garten ohne Gift**
Gesunde Umwelt durch natürlichen Pflanzenschutz
Ein Praxis-Handbuch von E. Hoplitschek u. B.M. Tegethoff. (**4425**-9) 176 S., 250 Farbfotos, 36 Farb- und 29 s/w-Zeichn., Pbd. ●●●●

**So wird mein Garten zum Biogarten**
Alles über die Umstellung auf naturgemäßen Anbau.
(**0706**-X) Von I. Gabriel, 128 S., 73 Farbfotos, 54 Farbzeichnungen, kart. ●●

**Neuanlage eines Biogartens**
Planung, Bodenvorbereitung, Gestaltung
(**0721**-3) Von I. Gabriel, 128 S., 73 Farbfotos, 39 Zeichnungen, kart. ●●

**Gesunde Pflanzen im Biogarten**
Biologische Maßnahmen bei Schädlingsbefall und Pflanzenkrankheiten.
(**0707**-8) Von I. Gabriel, 128 S., 126 Farbfotos, kart. ●●

**Obst und Beeren im Biogarten**
Gesunde und schmackhafte Früchte durch natürlichen Anbau. (**0780**-9) Von I. Gabriel, 128 S., 109 Farbabb., kart. ●●

**Gemüse im Biogarten**
Gesunde Ernte durch natürlichen Anbau
(**0830**-9) Von I. Gabriel, 128 S., 26 Farbfotos, 86 Farbzeichnungen, kart. ●●

**Kräuter und Heilpflanzen im Biogarten**
Gesunde Ernte durch natürlichen Anbau
(**0929**-1) Von I. Gabriel, 112 S., 63 Farbfotos, 19 Farbzeichnungen, kart. ●●

**Der biologische Zier- und Wohngarten**
Planen, Vorbereiten, Bepflanzen und Pflegen
(**0748**-5) Von I. Gabriel, 128 S., 72 Farbfotos, 46 Farbzeichnungen, kart. ●●

**Kosmische Einflüsse auf unsere Gartenpflanzen**
Sterne beeinflussen Wachstum und Gesundheit der Pflanzen. (**0708**-6) Von I. Gabriel, 112 S., 100 Farbabb., kart. ●●

**Natürlich gärtnern unter Glas und Folie**
Anbauen und ernten rund ums Jahr.
(**0722**-1) Von I. Gabriel, 128 S., 107 Farbabb., kart. ●●

**Speisepilze aus eigener Zucht**
Anbau · Pflege · Zubereitung
(**0909**-7) Von U. Groos, 72 S., 8 Farbtafeln, 16 s/w-Zeichnungen, kart. ●

Dekorative **Kübelpflanzen**
Auswahl und Pflege
(**1074**-5) Von H. Jantra, 112 S., ca. 180 Farbfotos, 35 Farbzeichnungen, kartoniert. ●●

**Blütenpracht auf Balkon und Terrasse**
(**0928**-3) Von M. Haberer, 88 S., 139 Farbfotos, kart. ●●

**Gemüse, Kräuter, Obst aus dem Balkongarten**
- Erfolgreich ernten auf kleinstem Raum
(**0694**-2) Von S. Stein, 32 S., 34 Farbfotos, 6 Zeichnungen, Spiralbindung, kart. ●

**Grabgestaltung**
Bepflanzung und Pflege zu jeder Jahreszeit
(**5120**-4) Von N. Uhl, 64 S., 77 Farbfotos, 2 Zeichnungen, Pappband. ●●

**Kleingärten**
Planen · Anlegen · Pflegen
(**1015**-X) Von H. Jantra, 88 S., 123 Farbfotos, 1 s/w-Foto, 14 Farbzeichnungen, kart. ●●

**Reihenhausgärten**
Planen · Anlegen · Pflegen
(**1016**-8) Von H. Jantra, 104 S., 134 Farbfotos, 45 Farbzeichnungen, kart. ●●

**Steingärten** Wirkungsvoll gestalten und sachgerecht pflegen
(**4452**-6) Von A. Throll-Keller, 128 S., 203 Farbfotos, 56 Farbzeichnungen, Pappband. ●●●●

**Gartenteiche, Tümpel und Weiher**
naturnah anlegen und pflegen
(**1073**-7) Von Dr. F. Liedl, H. Goos, 80 S., ca. 60 Farbfotos, ca. 40 Farbzeichnungen, kartoniert. ●●

**Wasser im Garten**
Von der Vogeltränke zum Naturteich - Natürliche Lebensräume selbst gestalten.
(**4230**-2) Von H. Hendel, P. Keßeler, 240 S., 315 Farbabb., 11 s/w-Fotos, Pappband. ●●●●●

**Mein kleiner Gartenteich**
planen – anlegen – pflegen
(**0851**-1) Von I. Polaschek, 144 S., 108 Farbabb., 6 s/w-Zeichnungen, kart. ●●

**Häuser in lebendigem Grün**
Fassaden und Dächer mit Pflanzen gestalten
(**0846**-5) Von U. Mehl, K. Werk, 88 S., 116 Farbfotos, 4 Farb-und 17 s/w-Zeichn., kart. ●●

**Wintergärten**
Das Erlebnis, mit der Natur zu wohnen
Planen, Bauen und Gestalten.
(**4256**-6) Von LOG ID, 136 S., 130 Farbfotos, 107 Zeichnungen, Pappband. ●●●●

Rund ums Jahr erfolgreich gärtnern
**Gewächshäuser**
planen · bauen · einrichten · nutzen
(**4408**-9) Von Dr. G. Schoser, J. Wolff, 232 S., 368 Farbabb., 5 s/w-Fotos, Pappband. ●●●●●

**Ziergräser**
Über 100 Arten erfolgreich kultivieren
(**0829**-5) Von H. Jantra, 104 S., 73 Farbfotos, 6 Farbzeichnungen, kart. ●●

Das moderne Handbuch **Zimmerpflanzen**
(**4416**-X) Von H. Jantra, 304 S., 766 Farbfotos, 64 Farb-und 19 s/w-Zeichn., Pappband. ●●●●

**365 Erfolgstips für schöne Zimmerpflanzen**
(**0893**-7) Von H. Jantra, 144 S., 215 Farbfotos, kart. ●●

Prof. Stelzers grüne Sprechstunde
**Gesunde Zimmerpflanzen**
Krankheiten erkennen und behandeln · Mit neuem Diagnosesystem.
(**4274**-4) Von Prof. Dr. G. Stelzer, 192 S., 410 Farbfotos, 10 s/w-Zeichnungen, Pappband. ●●●●

**Hydrokultur**
Pflanzen ohne Erde - mühelos gepflegt
(**0944**-5) Von H.-A. Rotter, 144 S., 167 Farbfotos, 13 Farbzeichnungen, kart. ●●

**Zimmerpflanzen in Hydrokultur**
Leitfaden für problemlose Blumenpflege.
(**0660**-8) Von H.-A. Rotter, 32 S., 76 Farbfotos, 8 farbige Zeichn., Pappband. ●

**Zimmerbäume, Palmen und andere Blattpflanzen**
Standort, Pflege, Vermehrung, Schädlinge
(**5111**-5) Von G. Schoser, 96 S., 98 Farbfotos, 7 Zeichnungen, Pappband. ●●

**Bonsai** Japanische Miniaturbäume und Miniaturlandschaften. Anzucht, Gestaltung und Pflege.
(**4091**-1) Von B. Lesniewicz, 160 S., 106 Farbfotos, 46 s/w-Fotos, 115 Zeichnungen, gebunden. ●●●●●

**Keime, Sprossen, Küchenkräuter**
am Fenster ziehen - rund ums Jahr
(**0658**-6) Von F. und H. Jantzen, 32 S., 55 Farbfotos, Pappband. ●

Falken-Handbuch **Orchideen**
Lebensraum, Kultur, Anzucht und Pflege.
(**4231**-0) Von G. Schoser, 144 S., 121 Farbfotos, 28 Farbzeichnungen, Pappband. ●●●

**Fibel für Kakteenfreunde**
(**0199**-1) Von H. Herold, 102 S., 23 Farbfotos, 37 s/w-Abb., kart. ●

**Kakteen und andere Sukkulenten**
300 Arten mit über 500 Farbfotos.
(**4116**-0) Von G. Andersohn, 316 S., 520 Farbfotos, 193 Zeichnungen, Pappband. ●●●●

Grzimek Juniors **BUNTE TIERWELT**
(**4295**-7) Von Chr. Grzimek, 208 S., 308 Farbfotos, Pappband. ●●●

Falken-Handbuch **Hunde**
(**4118**-7) Von H. Bielfeld, 176 S., 222 Farb- und 73 s/w-Abb., Pappband. ●●●●

**Das neue Hundebuch**
Rassen · Aufzucht · Pflege
(**0009**-X) Von W. Busack, überarbeitet von Dr. med. vet. A. H. Hacker und H. Bielfeld, 112 S., 8 Farbt., 27 s/w-Fotos, 6 Zeichn., kart. ●

**Hundeausbildung**
Verhalten - Gehorsam - Ausbildung
(**0346**-3) Von Prof. Dr. R. Menzel, 88 S., 19 Fotos, kart. ●

**Grundausbildung für Gebrauchshunde**
Schäferhund, Boxer, Rottweiler, Dobermann, Riesenschnauzer, Airedaleterrier, Hovawart und Bouvier.
(**0801**-5) Von M. Schmidt und W. Koch, 104 S., 8 Farbtafeln, 51 s/w-Fotos, 5 s/w-Zeichnungen, kart. ●

**Der Hund in der Familie**
(**1014**-1) Von J. Werner, 128 S., 106 Farbfotos, kartoniert. ●●

**Der Deutsche Schäferhund**
Aufzucht, Pflege und Ausbildung.
(**0073**-1) Von A. Hacker, 104 S., 56 Abb., kart. ●

**Alles über junge Hunde**
(**0863**-5) Von Dr. med. vet. E.M. Bartenschlager, 64 S., 49 Farbfotos, 6 Zeichnungen, kart. ●

**Richtige Hundeernährung**
(**0811**-2) Von Dr. med. vet. E.M. Bartenschlager, 80 S., 51 Farbfotos, 4 Farbzeichn., kart. ●

**Hundekrankheiten**
(**1077**-X) Von Dr. med. vet. R. Spangenberg, 96 S., 44 Farb- und 1 s/w-Foto, 22 Farbzeichnungen, kartoniert. ●●

Falken-Handbuch **Katzen**
(**4158**-6) Von B. Gerber, 176 S., 294 Farb- und 88 s/w-Fotos, Pappband. ●●●●

**Das neue Katzenbuch**
Rassen · Aufzucht · Pflege.
(**0427**-3) Von B. Eilert-Overbeck, 120 S., 14 Farbfotos, 26 s/w-Fotos, kart. ●

**Junge Katzen**
(**0862**-7) Von Dr. med. vet. E.M. Bartenschlager, 72 S., 40 Farbf., 4 Farbzeichn., kart. ●

Falken-Handbuch **Pferde**
(**4186**-1) Von H. Werner, 176 S., 196 Farb- und 50 s/w-Fotos, 100 Zeichn., Pappband. ●●●●

**Reiten im Bild**
(**0415**-X) Von H. Werner, 128 S., 142 Farbfotos, 107 Farbzeichng., kartoniert. ●●

**Der Hobby-Imker**
(**0978**-X) Von Dr. R.F.A. Moritz, 144 S., 106 zweifarbige Zeichnungen, kart. ●●

**Geflügelhaltung als Hobby**
(**0749**-3) Von M. Baumeister, H. Meyer, 184 S., 8 Farbtafeln, 47 s/w-Fotos, 15 zweif. Zeichnungen, kart. ●●

**Sittiche und kleine Papageien**
(**0864**-3) Von Dr. med. vet. E.M. Bartenschlager, 88 S., 84 Farbfotos, 9 Zeichnungen, kart. ●

Alles über **Kanarienvögel**
(**0901**-1) Von H. Schnoor, 64 S., 58 Farbfotos und Zeichnungen, kartoniert. ●

Die Tiersprechstunde
**Artgerechte Vogelfütterung im Winter**
(**0908**-9) Von Dr. W. Keil, 64 S., 51 Farbfotos und Zeichnungen, kartoniert. ●

**Papageien und Sittiche**
Arten · Pflege · Sprechunterricht
(**0591**-1) Von H. Bielfeld, 112 S., 8 Farbtafeln, kart. ●

**Süßwasser-Aquarium**
(**4191**-8) Von H. J. Mayland, 288 S., 564 Farbfotos, 75 Zeichnungen, Pappband. ●●●●

**Das Süßwasser-Aquarium**
Einrichtung · Pflege · Fische · Pflanzen
(**0153**-3) Von H. J. Mayland, 152 S., 16 Farbtafeln, 43 s/w-Zeichnungen, kart. ●●

Die Tiersprechstunde
**Gesunde Fische im Süßwasseraquarium**
(**1013**-3) Von H. J. Mayland, 96 S., 73 Farbfotos, 10 Zeichng., kartoniert. ●

**Tiere im Wassergarten**
(**0808**-2) Von Dr. med. vet. E.M. Bartenschlager, 96 S., 84 Farbf., 7 Zeichn., kart. ●

Die Tiersprechstunde
**Alles über Zwerg- und Goldhamster**
(**1012**-5) Von M. Mettler, 96 S., 96 Farbfotos, kartoniert. ●

**Alles über Meerschweinchen**
(**0809**-0) Von Dr. med. vet. E.M. Bartenschlager, 72 S., 43 Farbf., 11 Farbzeichn., kart. ●

**Alle über Igel in Natur und Haus**
(**0810**-4) Von Dr. med. vet. E.M. Bartenschlager, 68 S., 51 Farbfotos, kart. ●

Falken-Handbuch **Umweltschutz**
Das Öko-Testbuch zur Eigeninitiative.
(**4160**-8) Von M. Häfner, 352 S., 411 Farbf., 152 Farbzeichnungen, Pappband. ●●●●

# Rat und Wissen

**Traumreisen**
Unterwegs auf den schönsten Straßen der Welt
(**4468**-2) Von T. Pehle, 192 S., 312 Farbfotos, 12 Übersichtskarten, Pappband. ●●●●

**Vom Morgenland ins Reich der Abendgöttin**
Lebensbilder aus dem Nahen und Fernen Osten
(**4449**-6) Von J. Schneider, H. Schoen, 160 S., 266 Farbfotos, 1 farbige Karte, Pappband. ●●●●

**Keinen Mann um jeden Preis**
Das neue Selbstverständnis der Frau in der Partnerbeziehung
(**4440**-2) Von Shere Hite, Kate Colleran, 208 S., Pappband. ●●●

**Haushaltstips** praktisch und umweltfreundlich
(**1046**-X) Von K. Winkell, 96 S., 36 Zeichnungen, kartoniert. ●

**Umgangsformen heute**
Die Empfehlungen des Fachausschusses für Umgangsformen (**4015**-6) 252 S., 108 s/w-Fotos, 17 Zeichnungen, Pappband. ●●●

**Benehmen bei Tisch**
(**0988**-7) Von I. Cording, 80 S., 90 Farbfotos, 5 s/w-Zeichnungen, kart. ●●

**Der gute Ton**
in Gesellschaft und Beruf
(**0063**-4) Von I. Wolter, 80 S., 42 s/w-Fotos, 7 Zeichnungen, kartoniert. ●

**Familienforschung · Ahnentafel · Wappenkunde**
Wege zur eigenen Familienchronik
(**0744**-2) Von P. Bahn, 128 S., 8 Farbtafeln, 30 Abbildungen, kart. ●●

**Wie soll es heißen?**
(**0211**-4) Von D. Köhr, 136 S., kart. ●

**Die Silberhochzeit**
Vorbereitung · Einladung · Geschenkvorschläge · Dekoration · Festablauf · Menüs · Reden · Glückwünsche. (**0542**-3) Von K.F. Merkle, 112 S., 41 Zeichnungen, kart. ●

**Wir feiern Hochzeit**
Phantasievolle und moderne Festgestaltung
(**0943**-7) Von H.J. Winkler, 112 S., kart. ●

**Wir heiraten**
Ratgeber zur Vorbereitung und Festgestaltung der Verlobung und Hochzeit. (**4188**-8) Von C. Poensgen, 216 S., 8 s/w-Fotos, 30 s/w-Zeichn., 8 Farbt., Pappband. ●●●

**Von der Verlobung zur Goldenen Hochzeit**
(**0393**-5) Von E. Ruge, 112 S., kart. ●

**Hochzeits- und Bierzeitungen**
Muster, Tips und Anregungen. (**0288**-2) Von H.-J. Winkler, mit vielen Text- und Gestaltungsanregungen, 116 S., 15 Abb., 1 Musterzeitung, kart. ●

**Moderne Korrespondenz**
Handbuch für erfolgreiche Briefe
(**4014**-8) Von H. Kirst und W. Manekeller, 544 S., Pappband. ●●●●

**Der richtige Brief**
zu jedem Anlaß
Das moderne Handbuch mit 400 Musterbriefen
(**4179**-9) Von H. Kirst, 376 S., Pappband. ●●●

**Musterbriefe**
für alle Gelegenheiten. (**0231**-9) Hrsg. von O. Fuhrmann, 240 S., kart. ●●

**Privatbriefe**
Muster für alle Gelegenheiten. (**0114**-2) Von I. Wolter-Rosendorf, 112 S., kart. ●

**Der neue Briefsteller**
Musterbriefe für alle Gelegenheiten.
(**0060**-X) Von I. Wolter-Rosendorf, 96 S., kart. ●

**Erfolgstips für den Schriftverkehr**
Briefgestaltung · Rechtschreibung · Zeichensetzung · Stil. (**0678**-0) Von U. Schoenwald, 112 S., kart. ●

**Geschäftliche Briefe**
des Privatmanns, Handwerkers, Kaufmanns
(**0041**-3) Von A. Römer, 124 S., kart. ●

**Behördenkorrespondenz**
Musterbriefe · Anträge · Einsprüche
(**0412**-5) Von E. Ruge, 112 S., kart. ●

FALKEN-Software
**TEXAD**
Das komfortable Korrespondenzprogramm für den privaten und geschäftlichen Bereich
(**7017**-9) 2 Disketten für IBM-PC + Kompatible, 5 1/4'', mit Begleitheft, Einführungspreis: **DM 198,–***, S 1980,–*, SFr 193,30 bis 11.10.1990, danach **DM 258,–***, S 2580,–*, SFr 251,70.
(**7048**-9) Diskette 3 1/2'', mit Handbuch. ●●●●●*

(**7049**-7) Demo-Version 5 1/4'', o. Handbuch. ●●*

(**7050**-0) Demo-Version 3 1/2'', o. Handbuch. ●●*

**Worte und Briefe der Anteilnahme**
(**0464**-8) Von E. Ruge, 96 S., mit vielen Abb., kart. ●

**Briefe zu Geburt und Taufe**
Glückwünsche und Danksagungen. (**0802**-3) Von H. Beitz, 96 S., 12 Zeichnungen, kart. ●

**Briefe zum Geburtstag**
Glückwünsche und Danksagungen. (**0822**-8) Von H. Beitz, 104 S., 22 Zeichnungen, kart. ●

**Briefe der Liebe**
Anregungen für gefühlvolle und zärtliche Worte. (**0903**-8) Hrsg. von H. Beitz, 96 S., 4 Zeichnungen, kart. ●

**Briefe zur Hochzeit**
Glückwünsche und Danksagungen
(**0852**-X) Von R. Röngen, 96 S., 1 Zeichnung, 39 Vignetten, kart. ●

**Reden und Ansprachen**
für jeden Anlaß. (**4009**-1) Hrsg. von F. Sicker, 454 S., gebunden. ●●●●

**Die Kunst der freien Rede**
Ein Intensivkurs mit vielen Übungen, Beispielen und Lösungen.
(**4189**-6) Von G. Hirsch, 232 S., 11 Zeichnungen, Pappband. ●●●

**Die überzeugende Rede**
Mehr Erfolg durch bessere Rhetorik
(**0076**-6) Von K. Wolter, G. Kunz, 96 S., kart. ●

**Festreden und Vereinsreden**
Muster für alle Gelegenheiten
(**0069**-3) Von K. Lehnhoff, E. Ruge, 96 S., kart. ●

**Trinksprüche, Gästebuchverse, Richtsprüche**
(**0224**-6) Von D. Kellermann, 96 S., kart. ●

**Trinksprüche**
Fest- und Damenreden in Reimen
(**0791**-4) Von L. Metzner, 96 S., 14 s/w-Zeichnungen, kart. ●

**Glückwünsche, Toasts und Festreden zur Hochzeit**
(**0264**-5) Von I. Wolter, 112 S., 18 Zeichnungen, kart. ●

**Reden zur Taufe, Kommunion und Konfirmation**
(**0751**-5) Von G. Georg, 96 S., kart. ●

**Reden zur Hochzeit**
Musteransprachen für Hochzeitstage
(**0654**-3) Von G. Georg, 112 S., kart. ●

**Reden zu Familienfesten**
Musteransprachen für viele Gelegenheiten (**0675**-6) Von G. Georg, 112 S., kart. ●

**Reden zum Geburtstag**
Musteransprachen für familiäre und offizielle Anlässe. (**0773**-6) Von G. Georg, 96 S., kart. ●

**Reden im Verein**
Musteransprachen für viele Gelegenheiten (**0703**-5) Von G. Georg, 112 S., kart. ●

**Reden zum Jubiläum**
Musteransprachen für viele Gelegenheiten (**0595**-4) Von G. Georg, 112 S., kart. ●

**Reden und Sprüche zu Grundsteinlegung, Richtfest und Einzug**
(**0598**-0) Von A. Bruder, G. Georg, 96 S., kart. ●

**Reden zum Ruhestand**
Musteransprachen zum Abschluß des Berufslebens (**0790**-6) Von G. Georg, 104 S., kart. ●

**Neue Glückwunschfibel**
für groß und klein. (**0156**-8) Von R. Christian-Hildebrandt, 96 S., 13 Vignetten, kart. ●

**Großes Buch der Glückwünsche**
(**0255**-6) Hrsg. von O. Fuhrmann, 176 S., 77 Zeichnungen und viele Gestaltungsvorschläge, kart. ●●

**Herzliche Glückwünsche!**
Die schönsten Gedichte und Texte für viele Gelegenheiten. (**0942**-9) Hrsg. Von B.H. Bull, 256 S., 50 Zeichnungen, Pappband. ●●

**Der Verseschmied**
Kleiner Leitfaden für Hobbydichter. Mit Reimlexikon. (**0597**-0) Von T. Parisius, 96 S., 28 Zeichnungen, kart. ●

**Verse fürs Poesiealbum**
(**0241**-6) Von I. Wolter, 96 S., 20 Abb., kart. ●

Rosen, Tulpen, Nelken…
**Beliebte Verse fürs Poesiealbum**
(**0431**-1) Von W. Pröve, 96 S., 11 Faksimile-Abb., kart. ●

**Kindergedichte zur grünen, silbernen und goldenen Hochzeit**
(**0318**-8) Von H.-J. Winkler, 104 S., 20 Abb., kart. ●

**Glückwunschverse für Kinder**
(**0277**-7) Von B. Ulrici, 80 S., kart. ●

**Kindergedichte für Familienfeste**
(**0860**-0) Von B.H. Bull, 96 S., 20 Zeichnungen, kart. ●

**Kindergedichte rund ums Jahr**
(**1040**-0) Von A. Schweiggert, 80 S., 49 Zeichnungen, 6 Vignetten, kartoniert. ●

**Ins Gästebuch geschrieben**
(**0576**-8) Von K.H. Trabeck, 96 S., 24 Zeichnungen, kart. ●

**Die schönsten Wander- und Fahrtenlieder**
(**0462**-1) Hrsg. Von F.R. Miller, empfohlen vom Deutschen Sängerbund, 80 S., mit Noten und Zeichnungen, kart. ●

**Die schönsten Volkslieder**
(**0432**-X) Hrsg. Von D. Walther, 128 S., mit Noten und Zeichnungen, kart. ●

**Erziehungsgeld, Mutterschutz, Erziehungsurlaub**
Das neue Recht für Eltern
(**0835**-X) Von J. Grönert, 144 S., kart. ●

**Liebe ja – Ehe nein**
Die nichteheliche Lebensgemeinschaft
(**1071**-0) Von T. Drewes, 104 S., 8 s/w-Zeichnungen, kartoniert. ●

**Scheidung und Unterhalt**
nach dem neuen Eherecht. (**0403**-6) Von T. Drewes, 112 S., mit Kosten und Unterhaltstabellen, kart. ●

**Was heißt hier minderjährig?**
(**0765**-5) Von R. Rathgeber, C. Rummel, 148 S., 50 Fotos, 25 Zeichnungen, kart. ●●

**Testament und Erbschaft**
Erbfolge, Rechte und Pflichten der Erben, Erbschafts-und Schenkungssteuer, Mustertestamente. (**4139**-X) Von T. Drewes, R. Hollender, 304 S., Pappband. ●●●

**Erbrecht und Testament**
Mit Erläuterungen des Erbschaftssteuergesetzes von 1974. (**0046**-4) Von Dr. jur. H. Wandrey, 124 S., kart. ●

**Der letzte Wille**
Ratgeber für Erblasser, Erben und Hinterbliebene in Rechts-, Versorgungs- und Steuerfragen
(**0939**-9) Von T. Drewes, 136 S., 9 s/w-Zeichnungen, kart. ●●

**Mietrecht**
Leitfaden für Mieter und Vermieter
(**0479**-6) Von J. Beuthner, 196 S., kart. ●●

Präzise Ratschläge für **Ihre optimale Rente**
Vorbereitung · Berechnungsgrundlagen · Gesetzesänderungen · Individuelle Rechenbeispiele. (**0806**-6) Von K. Möcks, 96 S., 24 Formulare, 1 Graphik, kart. ●

**Das große farbige Kinderlexikon**
(**4195**-0) Von U. Kopp, 320 S., 493 Farbabb. 17 s/w-Fotos, Pappband. ●●●

**Gitarre spielen**
Ein Grundkurs für den Selbstunterricht
(**0534**-2) Von A. Roßmann, 96 S., 1 Schallfolie, 150 Zeichnungen, kart. ●●●

So lernt man leicht und schnell
**Maschinenschreiben**
Lehrbuch für Schulen, Lehrgänge und Selbstunterricht. (**0568**-7) Von M. Kempkes, 112 S., 48 Zeichnungen, kart. ●●

FALKEN-Software
**Maschinenschreiben**
In 10 Tagen spielend gelernt. Von Unterichtsmedien Hoppius. (**7008**-X) Diskette für den C 64 und C 128 PC ●●●●*

FALKEN-Software
**Maschinenschreiben und Tastaturtraining für Computer**
(**7009**-8) Von B. Hoppius, Diskette 5 1/4'' u. 3 1/2'' für IBM PC + Kompatible, mit Begleitheft. ●●●●●*

**Maschinenschreiben im Selbstunterricht**
(**0170**-3) Von A. Fonfara, 88 S., kart. ●

**Buchführung leicht gemacht**
Ein methodischer Grundkurs für den Selbstunterricht. (**4238**-8) Von D. Machenheimer, R. Kersten, 252 S., Pappband. ●●●

**Buchführung leicht gefaßt**
Für Handwerker, Gewerbetreibende und freiberuflich Tätige. (**0127**-4) Von R. Pohl. 104 S., kart. ●

**Stenografie leicht gelernt**
im Kursus oder Selbstunterricht
(**0266**-1) Von H. Kaus, 64 S., kart. ●

**Erfolgreiche Bewerbung um einen Ausbildungsplatz**
(**0715**-9) Von H. Friedrich, 128 S., kart. ●

**Bewerbungsstrategien**
Erfolgreiche Konzepte für Karrierebewußte (**1027**-3) Von Dr. W. Reichel, 128 S., kartoniert. ●●

**Die Bewerbung**
Der moderne Ratgeber für Bewerbungsbriefe, Lebenslauf und Vorstellungsgespräche. (**4138**-1) Von W. Manekeller, 264 S., Pappband. ●●

**Lebenslauf und Bewerbung**
Beispiele für Inhalt, Form und Aufbau
(**0428**-1) Von H. Friedrich, 112 S., kart. ●

**Die erfolgreiche Bewerbung**
Bewerbung und Vorstellung. (**0173**-8) Von W. Manekeller, U. Schoenwald, 144 S., kart. ●●

**Erfolgreiche Bewerbungsbriefe und Bewerbungsformen**
(**0138**-X) Von W. Manekeller, U. Schoenwald 88 S., kart. ●

Die Handschrift als Spiegel des Charakters
**Graphologie**
(**1025**-7) Von Dr. W. Busch, 104 S., 87 Schriftproben, kartoniert. ●

**Vorstellungsgespräche**
sicher und erfolgreich führen. (**0636**-5) Von H. Friedrich, 144 S., kart. ●

**Keine Angst vor Einstellungstests**
Ein Ratgeber für Bewerber. (**0793**-6) Von Ch. Titze. 120 S., 67 Zeichnungen, kart. ●

FALKEN-Software
**Einstellungstests**
(**7013**-6) Von B. Hoppius, Wendediskette für C 64/C 128 PC, mit Begleitheft, ●●●●*

**Die ersten Tage am neuen Arbeitsplatz**
Ratschläge für den richtigen Umgang mit Kollegen und Vorgesetzten
(**0855**-4) Von H. Friedrich, 104 S., kart. ●

**Zeugnisse im Beruf**
richtig schreiben, richtig verstehen
(**0544**-X) Von H. Friedrich, 112 S., kart. ●

**So werde ich erfolgreich**
Ratschläge und Tips für Beruf und Privatleben. (**0918**-6) Von H. Hans, 104 S., kart. ●●

**Wege zum Börsenerfolg**
Aktien · Anleihen · Optionen
(**4275**-2) Von H. Krause, 252 S., 4 s/w-Fotos, 86 Zeichnungen, Pappband. ●●●

FALKEN-Software
**Börsenfieber**
Spielend spekulieren mit Geld und Aktien
(**7016**-0) IBM PC und Kompatible, Diskette 5 1/4'', mit Begleitheft, ●●●●●*

**Konvertierungen:**
(**7026**-8) für C 64/C 128 PC, mit Begleitheft
(**7027**-6) für Atari ST 520/1040, mit Begleitheft
(**7028**-4) für Amiga, mit Begleitheft
(**7044**-6) für IBM PC + Kompatible, Diskette 3 1/2'', mit Begleitheft

**Schülerlexikon der Mathematik**
Formeln, Übungen und Begriffserklärungen für die Klassen 5–10. (**0430**-3) Von R. Müller, 176 S., 96 Zeichnungen, kart. ●

**Mathematik verständlich**
Zahlenbereiche Mengenlehre, Algebra, Geometrie, Wahrscheinlichkeitsrechnung, Kaufmännisches Rechnen. (**4135**-7) Von R. Müller, 652 S., 10 s/w- und 109 Farbfotos, 802 Farbabb. und 79 s/w-Zeichnungen, über 2500 Beispiele und Übungen mit Lösungen, Pappband. ●●●●●

Mehr Erfolg in der Schule **Mathematik 1**
Arithmetik und Algebra
Übungen, Beispiele und Lösungen für die Klasse 5 bis 10
(**4420**-8) Von R. Müller-Fonfara, 256 S., 193 Zeichn., 2 s/w-Fotos, Pappband. ●●●

**Mathematik 2**
Geometrie, Statistik, Wahrscheinlichkeitsrechnung und kaufmännisches Rechen
(**4456**-9) Von R. Müller-Fonfara, W. Scholl, 256 S., 6 s/w-Fotos, 304 Zeichnungen, Pappband. ●●●

**Mathematische Formeln für Schule und Beruf**
Mit Beispielen und Erklärungen. (**0499**-0) Von R. Müller-Fonfara, 156 S., 210 Zeichnungen, kart. ●

**Rechnen aufgefrischt** für Schule und Beruf. (**0100**-2) Von H. Rausch, 144 S., kart. ●

FALKEN-Software
**Wirtschaftsrechnen in Beruf und Alltag**
(**7037**-3) Diskette für IBM-PC und Kompatible, mit Begleitheft. ●●●●●*

Physik verständlich
Förderkurs für die Klassen 7 bis 10
(0926-7) Von Dr. Th. Neubert, 136 S., 146 s/w-Zeichnungen, 166 Aufgaben, kart. ●●

**Richtige Groß- und Kleinschreibung**
durch neue, vereinfachte Regeln. Erläuterungen der Zweifelsfragen anhand vieler Beispiele. (**0897**-X) Von Prof. Dr. Ch. Stetter, 96 S., kart. ●

**Gutes Deutsch** schreiben und sprechen
(**4432**-1) Von W. Manekeller, Dr. G. Reinert-Schneider, 416 S., durchgehend zweifarbig, Pappband. ●●●●

**Deutsche Grammatik**
Ein Lern- und Übungsbuch. (**0704**-3) Von K. Schreiner, 112 S., kart. ●

Mehr Erfolg in der Schule
**Deutsche Rechtschreibung und Grammatik**
Übungen und Beispiele für die Klassen 5–10.
(**4407**-0) Von K. Schreiner, 256 S., durchgehend zweifarbig, Pappband. ●●●

**Richtiges Deutsch**
Rechtschreibung · Zeichensetzung · Grammatik · Stilkunde. (**0551**-2) Von K. Schreiner, 128 S., 7 Zeichnungen, kart. ●

Mehr Erfolg in der Schule
**Der Deutschaufsatz**
Übungen und Beispiele für die Klassen 5–10.
(**4271**-X) Von K. Schreiner, 240 S., 4 s/w-Fotos, 51 Zeichnungen, Pappband. ●●●

**Aufsätze besser schreiben**
Förderkurs für die Klassen 4–10. (**0429**-X) Von K. Schreiner, 144 S., 4 s/w-Fotos, 27 Zeichnungen, kart. ●●

Mehr Erfolg in Schule und Beruf
**Besseres Deutsch**
Mit Übungen und Beispielen für Rechtschreibung, Diktate, Zeichensetzung, Aufsätze, Grammatik, Literaturbetrachtung, Stil, Briefe, Fremdwörter, Reden. (**4115**-2) Von K. Schreiner, 444 S., 7 s/w-Fotos, 27 Zeichnungen, Pappband. ●●●

**Richtige Zeichensetzung**
durch neue, vereinfachte Regeln. Erläuterungen der Zweifelsfragen anhand vieler Beispiele. (**0744**-4) Von Prof. Dr. Ch. Stetter, 160 S., kart. ●

**Diktate besser schreiben**
Übungen zur Rechtschreibung für die Klasse 4–8. (**0469**-9) Von K. Schreiner, 152 S., 31 Zeichnungen, kart. ●

**Besseres Englisch**
Grammatik und Übungen für die Klassen 5 bis 10. (**0745**-0) Von E. Henrichs, 144 S., kart. ●●

Mehr Erfolg in der Schule
**Englische Grammatik**
Regeln und Übungen für die Klassen 5 bis 13
(**4431**-3) Von E. Heinrichs-Kleinen, 256 S., durchgehend zweifarbig, Pappband. ●●●

FALKEN-Software
**The Grammar-Master**
Englische Grammatik üben und beherrschen
(**7002**-0) Diskette für den C 64/C 128 PC ●●●●*

**Konvertierungen:**
(**7030**-6) Diskette für IBM PC + Kompatible, mit Begleitheft. ●●●●●*
(**7031**-4) Diskette für Atari ST 520/1040, mit Begleitheft. ●●●●●*
(**7032**-2) Diskette für Amiga, mit Begleitheft. ●●●●●*

FALKEN-Software
**Take a Trip to Britain**
(**7004**-7) Von reLine, Diskette für C 64/C 128 PC, mit Begleitheft. ●●●●*

**Konvertierungen:**
(**7039**-X) Diskette 5 1/4'' für IBM PC + Kompatible, mit Begleitheft. ●●●●●*

FALKEN-Software
**Vokabeltrainer Englisch**
Von B. Hoppius. (**7001**-2) 2 Disketten für C 64/C 128 PC, mit Begleitheft. ●●●●●*
(**7007**-1) Wendediskette für Atari ST 520/1040, mit Begleitheft. ●●●●●*

FALKEN-Software
**Vokabel Trainer Französisch**
Über 2000 Vokabeln und Redewendungen
(**7018**-7) Systemdiskette u. Wendediskette für C 64/C 128 PC, mit Begleitheft,
(**7019**-5) Diskette für IBM-PC und Komp., mit Begleitheft. ●●●●●

FALKEN-Software
**Bon voyage**
Spielend Französisch lernen mit dem Computer
(**7036**-5) Diskette für IBM PC + Kompatible, mit Begleitheft. ●●●●●*

**Konvertierungen:**
(**7042**-X) Diskette für Atari ST 520/1040, mit Begleitheft. ●●●●●*
(**7043**-8) Diskette für Amiga, mit Begleitheft. ●●●●●*

FALKEN-Software
**Vokabel Trainer Latein**
(**7022**-5) Von B. Hoppius, Wendediskette für C 64/C 128 PC, mit Begleitheft. ●●●●●

**Konvertierungen:**
(**7033**-0) Diskette für IBM PC + Kompatible, mit Begleitheft. ●●●●●*

**Schnell und sicher zum Führerschein**
Tips und Tricks aus 30jähriger-Fahrschul-Praxis. (**0921**-6) Von O. Einert, 152 S., 156 Farbfotos, 161 z.T. farb. Zeichnungen, kart. ●●

FALKEN-Software
**Schnell und sicher zum Führerschein**
Intensivtraining mit dem amtlichen Fragenkatalog
(**7011**-X) Diskette für C 64/C 128 PC, mit Begleitheft und Fragenkatalog. ●●●●●*

**Konvertierungen:**
(**7024**-1) Diskette für Atari ST 520/1040, mit Begleitheft. ●●●●●*
(**7029**-2) Diskette für Amiga, mit Begleitheft. ●●●●●*

Die neue Lebenshilfe **Biorhythmik**
Höhen und Tiefen der persönlichen Lebenskurven vorausberechnen und danach handeln. (**0458**-3) Von W. A. Appel, 157 S., 63 Zeichnungen, Pappband. ●●

Wie Sie im Schlaf das Leben meistern
**Schöpferisch träumen**
Der Klartraum als Lebenshilfe
(**4258**-2) Von Prof. D. P. Tholey, K. Utecht. 280 S., 1 s/w-Foto, 20 Zeichn., Pbd. ●●●

Falken-Handbuch **Astrologie**
Charakterkunde · Schicksal · Liebe und Beruf Berechnung und Deutung von Horoskopen · Aszendenttabelle. (**4068**-7) Von B.A. Mertz, 342 S., mit 60 erläuternden Grafiken, Pappband. ●●●

**Wahrsagen mit Tarot-Karten**
(**0482**-6) Von E.J. Nigg, 112 S., 4 Farbtafeln, 52 s/w-Abb., Pappband. ●

**Selbst wahrsagen** mit Karten
Die Zukunft in Liebe, Beruf und Finanzen
(**0404**-4) Von R. Koch, 80 S., 252 Abb., Pappband. ●

Die 12 Tierzeichen
**Chinesisches Horoskop**
(**0423**-0) Von G. Haddenbach, 128 S., Pappb. ●

**Die 12 Sternzeichen**
Charakter, Liebe und Schicksal. (**0385**-4) Von G. Haddenbach, 136 S., kart. ●●

**Partnerschaftshoroskop**
Glück und Harmonie mit Ihrem Traumpartner. (**0587**-3) Von G. Haddenbach, 112 S., 11 Zeichnungen, kart. ●

**Sternstunden**
für Liebe, Glück und Geld, Berufserfolg und Gesundheit. Das ganz persönliche Mitbringsel für **Widder** (**0621**-7), **Stier** (**0622**-5), **Zwillinge** (**0623**-3), **Krebs** (**0624**-1), **Löwe** (**0625**-7), **Jungfrau** (**0626**-8), **Waage** (**0627**-6), **Skorpion** (**0628**-4), **Schütze** (**0629**-2), **Steinbock** (**0630**-6), **Wassermann** (**0631**-4), **Fische** (**0632**-2) Von L. Cancer, 62 S., durchgehend farbig, Zeichnungen, Pappband. ●

**Im Zeichen der Sterne**
(**0951**-8) Der feurige Widder
(**0952**-6) Der willensstarke Stier
(**0953**-4) Die vielseitigen Zwillinge
(**0954**-2) Der feinfühlige Krebs
(**0955**-0) Der königliche Löwe
(**0956**-9) Die zuverlässige Jungfrau
(**0957**-7) Die charmante Waage
(**0958**-5) Der leidenschaftliche Skorpion
(**0959**-3) Der temperamentvolle Schütze
(**0960**-7) Der treue Steinbock
(**0961**-5) Der selbstbewußte Wassermann
(**0962**-3) Die romantischen Fische
Von G. Haddenbach, 64 S., 35 Farbfotos, Pappband. ●

# Humor und Unterhaltung

**Heitere Vorträge**
(**0528**-8) Von E. Müller, 128 S., 14 Zeichnungen, kart. ●

**So feiert man Feste fröhlicher**
Heitere Vorträge und Gedichte
(**0098**-7) Von Dr. Allos, 96 S., 15 Abb., kart. ●

**Heitere Vorträge und witzige Reden**
Lachen, Witz und gute Laune
(**0149**-5) Von E. Müller, 104 S., 44 Abb., kart. ●

**Lustige Vorträge für fröhliche Feiern**
(**0284**-X) Von K. Lehnhoff, 96 S., kart. ●

**Da lacht das Publikum**
Neue lustige Vorträge für viele Gelegenheiten. (**0716**-7) Von H. Schmalenbach, 96 S., kart. ●

**Humor und Stimmung**
Ein heiteres Vortragsbuch
(**0460**-5) Von G. Wagner, 112 S., kart. ●

**Gereimte Vorträge**
für Bühne und Bütt. (**0567**-9) Von G. Wagner, 96 S., kart. ●

**Narren in der Bütt**
Leckerbissen aus dem rheinischen Karneval
(**0216**-5) Zusammengestellt von T. Lücker, 112 S., kart. ●

**Damen in der Bütt**
Scherze, Büttenreden, Sketche
(**0354**-4) Von T. Müller, 136 S., kart. ●

**Rings um den Karneval**
Karnevalsscherze und Büttenreden
(**0130**-4) Von Dr. Allos, 144 S., 2 Zeichnungen, kart. ●●

**Wir feiern Karneval**
Festgestaltung und Reden für die närrische Zeit. (**0904**-6) Von M. Zweigler, 120 S., 7 Zeichnungen, kart. ●

**Helau und Alaaf 1** Närrisches aus der Bütt
(**0304**-8) Von E. Müller, 112 S., 4 Zeichnungen, kart. ●

**Helau und Alaaf 2**
Neue Büttenreden für Sie und Ihn
(**0477**-X) Von E. Luft, 96 S., kart. ●

**Helau und Alaaf 3**
Neue Reden für die Bütt. (**0832**-5) Von H. Fauser, 112 S., 13 Zeichnungen, kart. ●

**Helau und Alaaf 4**
Neue Büttenreden für Sie und Ihn (**0983**-6) Hrsg. H. Fauser, 96 S., 15 s/w-Zeichn., zahlreiche Vignetten, kart. ●

**Locker vom Hocker**
Witzige Sketche zum Nachspielen (**4262**-0) Von W. Giller, 144 S., 41 Zeichnungen, Pappband. ●●

**Sketche und Blackouts zum Nachspielen**
(**0941**-0) Von E. Cohrs, 112 S., 12 Zeichnungen, kart. ●

**Sketche und spielbare Witze**
für bunte Abende und andere Feste. (**0445**-1) Von H. Friedrich, 112 S., 7 Zeichnungen, kart. ●

**Sketche**
Kurzspiele zu amüsanter Unterhaltung. (**0247**-5) Von M. Gering, 96 S., 4 s/w-Zeichnungen, kart., ●

**Vorhang auf!**
Neue Sketche für jung und alt. (**0898**-8) Von H. Pillau, 96 S., 22 Zeichnungen, kart. ●

**Witzige Sketche zum Nachspielen**
(**0511**-3) Von D. Hallervorden, 112 S., kart. ●●

**Tolle Sketche**
mit zündenden Pointen – zum Nachspielen. (**0656**-X) Von E. Cohrs, 112 S., kart. ●

**Vergnügliche Sketche**
(**0476**-1) Von H. Pillau, 96 S., 7 Zeichn., kart. ●

**Lustige Sketche**
Kurze Theaterstücke für Jungen und Mädchen
(**0669**-1) Von U. Lietz, U. Lange, 96 S., kart. ●

**Spielbare Witze für Kinder**
(**0824**-4) Von H. Schmalenbach, 112 S., 30 Zeichnungen, kart. ●

**Witze**
Lachen am laufenden Band (**4241**-8) Von J. Burkert, D. Kroppach; 400 S., 41 Zeichnungen, Pappband. ●●

**Die besten Kalauer**
(**0705**-1) Von K. Frank, 112 S., 12 Zeichnungen, kart. ●

**Die besten Beamtenwitze**
(**0574**-1) Von W. Pröve, 80 S., 39 Zeichnungen, kart. ●

**O frivol ist mir am Abend**
Pikante Witze von Fred Metzler. (**0388**-9) Von F. Metzler, 128 S., mit Karikaturen, kart. ●

**Fips Asmussens Witze**
am laufenden Band
(**0461**-3) 96 S., kart. ●

**Spaßvögel**
Über sexhundert komische Nummern (**0888**-0) Von E. Zeller, mit Limericks Von W. Müller, 220 S., 200 Vignetten, kart. ●

**Heller Wahnwitz**
(**0887**-2) Von D. Kroppach, 220 S., 200 Vignetten, kart. ●

**Die Kleidermotte ernährt sich von nichts, sie frißt nur Löcher**
Stilblüten, Sprüche und Widersprüche aus Schule, Zeitung, Rundfunk und Fernsehen. (**0738**-8) Von P. Haas, D. Kroppach, 112 S., zahlreiche Abb. kart. ●

**Witzig, witzig**
(**0507**-5) Von E. Müller, 128 S., 16 Zeichnungen, kart. ●

**Die besten Kinderwitze**
(**0757**-4) Von K. Rank, 112 S., 28 Zeichnungen, kart. ●

**Ich lach mich kaputt!**
**Die besten Kinderwitze**
(**0545**-8) Von E. Hannemann, 96 S., 10 Zeichnungen, kart. ●

**Lach mit!**
Witze für Kinder, gesammelt von Kindern. (**0468**-0) Von W. Pröve, 96 S., 17 Zeichnungen, kart. ●

**Die besten Kurzgeschichten von Mark Twain**
(**4458**-5) Ausgewählt von D. Zimmer, 128 S., Pappband. ●

**Kritik des Herzens**
**Heiter-besinnliche Verse von Wilhelm Busch**
(**4459**-3) Herausgegeben von D. Zimmer, 96 S., Pappband. ●

**Die schönsten Galgenlieder von Christian Morgenstern**
(**4460**-7) Ausgewählt von D. Zimmer, 128 S., Pappband. ●

**Scherz und Satire von Roda Roda**
(**4462**-3) Ausgewählt von D. Zimmer, 112 S., Pappband. ●

Beliebte Autoren des 19. Jahrhunderts
**Englischer Humor**
(**4463**-1) Ausgewählt von D. Zimmer, 112 S., Pappband. ●

## Spiele und Denksport

**Neues Buch der siebzehn und vier Kartenspiele**
(**0095**-2) Von K. Lichtwitz, 96 S., kart. ●

**Alles über Pokern**
Regeln und Tricks. (**2024**-4) Von C.D. Grupp, 112 S., 29 Kartenbilder, kart. ●

**Rommé und Canasta**
in allen Variationen. (**2025**-2) Von C.D. Grupp, 88 S., 24 Zeichnungen, kart. ●

**Doppelkopf, Schafkopf,** Binokel, Cego, Tarock und andere Stammtischspiele. (**2015**-5) Von C.D. Grupp, 112 S., kart. ●

**Black Jack**
Regeln und Strategien des Kasinospiels. (**2032**-3) Von K. Kelbratowski, 88 S., kart. ●

**Spielend Skat lernen**
unter freundlicher Mitarbeit des Deutschen Skatverbandes. (**2005**-8) Von Th. Krüger, 120 S., 181 s/w-Fotos, 22 Zeichn., kart. ●

Falken-Handbuch **Patiencen**
Die 111 interessantesten Auslagen (**4151**-9) Von U.v.Lyncker, 216 S., 108 Abbildungen, Pappband. ●●●

**Patiencen**
in Wort und Bild. (**2003**-1) Von I. Wolter-Rosendorf, 120 S., kart. ●

**Neue Patiencen**
(**2036**-8) Von H. Sosna, 160 S., 43 Farbtafeln, kart. ●●

Falken-Handbuch **Bridge**
Von den Grundregeln zum Turnierspiel (**4092**-X) Von W. Voigt und K. Ritz, 280 S., 792 Zeichnungen, gebunden. ●●●●

**Spielend Bridge lernen**
(**2012**-0) Von J. Weiss, 96 S., 58 Zeichnungen, kart. ●

**Präzisions-Treff im Bridge**
(**2037**-6) Von E. Jannersten, 152 S., kart. ●●

**Spieltechnik im Bridge**
(**2004**-X) Von V. Mollo und N. Gardener, deutsche Adaption Von D. Schröder, 152 S., kart. ●●●

**Besser Bridge spielen**
Reiztechnik, Spielverlauf und Gegenspiel. (**2026**-0) Von J. Weiss, 144 S., 60 Diagramme, kart. ●●

**Kartentricks**
(**2010**-4) Von T.A. Rosee, 80 S., 13 Zeichnungen, kart. ●

**Neue Kartentricks**
(**2027**-9) Von K. Pankow, 104 S., 20 Abb., kart. ●

**Das japanische Brettspiel Go**
(**2020**-1) Von W. Dörholt, 104 S., 182 Diagramme, kart. ●

**Mah-Jongg**
Das chinesische Glücks-, Kombinations- und Gesellschaftsspiel. (**2030**-9) Von U. Eschenbach, 80 S., 30 s/w-Fotos, 5 Zeichn., kart. ●

**Backgammon**
für Anfänger und Könner. (**2008**-2) Von G.W. Fink und G. Fuchs, 104 S., 41 Abb., kart. ●

**Das Backgammon-Handbuch**
(**4422**-4) Von E. Heyken, M.B. Fischer, 232 S., 400 Abbildungen, Pappband. ●●●●

**Würfelspiele**
für jung und alt. (**2007**-4) Von F. Pruss, 112 S., 21 s/w-Zeichnungen, kart. ●

**Roulette richtig gespielt**
Systemspiele, die Vermögen brachten (**0121**-5) Von M. Jung, 96 S., zahlreiche Tabellen, kart. ●

**Gesellschaftsspiele**
für drinnen und draußen. (**2006**-6) Von H. Görz, 112 S., kart. ●

**Spiele für Party und Familie**
(**2014**-7) Von Rudi Carrell, 80 S., 22 Zeichnungen kart. ●

**Neue Spiele für ihre Party**
(**2022**-8) Von G. Blechner, 112 S., 54 Zeichnungen, kart. ●

**Lustige Tanzspiele und Scherztänze**
für Partys und Feste. (**0165**-7) Von E. Bäulke, 80 S., 53 Abb. kart. ●

Das Spiel mit der Schwerkraft
**Jonglieren**
mit Bällen, Keulen, Ringen und Diabolo (**1009**-5) Von S. Peter, 80 S., 149 Farbfotos, kartoniert. ●●

**Magische Zaubereien**
(**0672**-1) Von W. Widenmann, 64 S., 31 Zeichnungen, kart. ●

**Zaubertricks für Anfänger und Fortgeschrittene**
(**0282**-3) Von J. Merlin, 160 S., 113 Abb., kart. ●●

**Zaubern**
einfach – aber verblüffend. (**2018**-X) Von D. Bouch, 84 S., 41 Zeichnungen, kart. ●

**Scherzfragen, Drudel und Blödeleien**
gesammelt von Kindern. (**0506**-7) Hrsg. von W. Pröve, 80 S., 57 Zeichnungen, kart. ●

**Kinderspiele**
die Spaß machen. (**2009**-0) Von H. Müller-Stein, 104 S., 28 Abb., kart. ●

**Kinderspiele mit Buchstaben und Wörtern**
(**1041**-9) Von Dr. U. Vohland, 96 S., 53 Zeichnungen, kartoniert. ●

**Spiele für Kleinkinder**
(**2011**-2) Von D. Kellermann, 80 S., 23 Abb., kart. ●

**Spiel und Spaß am Krankenbett**
für Kinder und die ganze Familie. (**2035**-X) Von H. Bücken, 96 S., 97 Zeichnungen, kart. ●

**Spiele im Freien**
(**2038**-4) Von G. Wagner, 88 S., 20 zweif. Zeichnungen, kartoniert. ●

**Guten Tag, Kinder!**
Neue Texte mit Spielanleitungen fürs Kasperletheater. (**0861**-9) Von U. Lietz, 96 S. 18 s/w-Zeichnungen, kart. ●

**:asperletheater**
;pieltexte und Spielanleitungen · Basteltips :ir Theater und Puppen. (**0641**-1) Von U. ietz, 114 S., 4 Farbtafeln, 12 s/w-Fotos, 39 eichnungen, kart. ●

**:indergeburtstage, die keiner vergißt**
'lanung, Gestaltung, Spielvorschläge. **0698**-5) Von G. und G. Zimmermann, 104 ., 80 Vignetten, kart. ●

**:indergeburtstag**
'orbereitung, Spiel und Spaß. (**0287**-4) Von )r. I. Obrig, 136 S., 40 Abb., 11 Zeichnungen, Lieder mit Noten, kart. ●

**:nobeleien und Denksport**
**2019**-8) Von K. Rechberger, 142 S., 105 :eichnungen, kart. ●

**)as Super-Kreuzwort-Rätsel-Lexikon**
Iber 150.000 Begriffe. (**4279**-5) Von H. chiefelbein, 688 S., Pappband. ●●

**tiesen-Kreuzwort-Rätsel-Lexikon**
Iber 250.000 Begriffe. (**4197**-7) Von H. ;chiefelbein, 1024 S., Pappband. ●●●

## :omputerbücher und Software

**ALKEN Computer Lexikon**
**4185**-3) 312 S., 173 s/w-Fotos, Pbd. ●●●

**:omputer-Grundwissen**
:ine Einführung in Funktion und Einsatzıöglichkeiten. (**4302**-3) Von W. Bauer, 176 ;eiten, 193 Farb- und 12 s/w-Fotos, 37 Comıutergrafiken, kart. ●●● (4301) Pbd. ●●●

**;rundwissen Informationsverarbeitung**
**4314**-7) Von H. Schiro, 312 S., 59 s/w-Fotos, 33 s/w-Zeichnungen, Pappband. ●●●●●

**'omputergrafik**
'on den Grundlagen bis zum perfekten ; D-Programm. (**4319**-8) Von A. Brück, !96 S., 20 Farbtafeln, 180 s/w-Grafiken, ;0 s/w- Zeichn., 83 Listings, Pappband. ●●●●●

**)aten-Fernübertragung**
'om Akustikkoppler bis zum lokalen Netzverk
**4325**-2) Von P.C. den Heijer, R. Tolsma, ca. !88 S., zahlreiche Abb., kartoniert. ●●●●●

**Aicrosoft Excel**
'abellenkalkulationen, Geschäftsgrafik und Jatenbank im Selbststudium für alle Versioıen bis 2.1. Mit Tutor-Diskette.
**4333**-3) Von P. Vogel, M. Hofmann, 176 S., 12 zweifarbige Abb., kartoniert. ●●●●●

**Aicrosoft Word**
'extverarbeitung, MailMerge und Desktop 'ublishing im Selbststudium
'ür alle Versionen bis 4.0
**4328**-7) Von A. Görgens, 160 S., 120 Abbilungen, kart. ●●●●

**IBASE III PLUS dBASE IV**
)er einfache Weg zur individuell programıierten Datenbank
Ait Tutor-Diskette
**4326**-0) Von P. Vogel, Th. Kregeloh, M. Hofıann, 272 S., 63 Abb., kart. ●●●●●

**)pen Access II**
'extverarbeitung, Kalkulation und Datenverırbeitung im Selbststudium
**4327**-9) Von A. Görgens, 184 S., 108 Abbilungen, kart. ●●●●

**)esktop Publishing**
;etzen und Drucken auf dem Schreibtisch.
**4323**-6) Von A. Görgens, 120 S., 11 /w-Fotos, 72 Zeichnungen, kart. ●●●

**;arantiert BASIC lernen mit dem C 128**
Ait kompletter Kurs-Diskette
**4321**-X) Von A. Görgens, 288 S., 4 /w-Fotos, 83 Zeichnungen, kart. ●●●●●

**WordStar Praxis professionell**
Für die Versionen 3.4/3.45/4.0
Erweiterungen · Praxis-Tips · Datenaustausch · Desktop Publishing. (**4324**-4) Von A. Görgens, 172 S., 2 s/w-Fotos, 2 s/w- Zeichnungen, 116 s/w-Grafiken, kart. ●●●●

**Desktop Publishing: Typographie und Layout**
Seiten gestalten am PC. Für Einsteiger und Profis
(**4330**-9) Von Dr. H. D. Baumann, M. Klein, ca. 280 S., zahlreiche zweifarbige Abb., Pappband. ●●●●●

**Einführung in Pascal**
Garantiert Pascal lernen durch schrittweise Erarbeitung
(**4329**-5) Von R. Röder, ca. 160 S., durchgehend zweifarbig, kartoniert. ●●●●

**Heimcomputer-Bastelkiste**
Messen, Steuern, Regeln mit C 64-, Apple II-. MSX-, TANDY-, MC-, Atari- und Sinclair-Computern. (**4309**-0) Von G.A. Karl, 256 S., 160 Zeichnungen, kart. ●●●●

**Schach mit dem Computer**
(**0747**-7) Von D. Frickenschmidt, 140 S., 112 Diagramme, 29 s/w-Fotos, 5 Zeichnungen, kart. ●●

**Einstellungstests**
Die optimale Vorbereitung für Bewerber
(**7013**-6) Wendediskette für C 64/C 128 PC, mit Begleitheft. ●●●●*

**Ego-Tests**
Sich und andere besser erkennen und verstehen
(**7012**-8) Diskette für IBM PC und kompatible (MS DOS), mit Begleitheft. ●●●●●*

Schnell und sicher zum
**Führerschein**
Intensivtraining mit dem amtlichen Fragenkatalog
(**7011**-X) Wendediskette für C 64/C 128 PC, mit Begleitheft und Fragenkatalog.
(**7024**-1) für Atari ST 520/1040, mit Begleitheft,
(**7029**-2) für Amiga, mit Begleitheft ●●●●●*

**Maschinenschreiben**
In 10 Tagen spielend gelernt
IBM PC und Kompatible
(**7008**-X) Disk. für C 64/C 128 PC, ●●●●*

**Maschinenschreiben und Tastaturtraining für Computer**
(**7009**-8) Von B. Hoppius, Diskette 5 1/4'' u. 3 1/2'' für IBM PC + Kompatible, mit Begleitheft. ●●●●●*

**Das komplette Schachprogramm**
(**7006**-3) Diskette für C 64/C 128 PC, mit Begleitheft ●●●●●*

**Zug um Zug Schach für jedermann 1**
Offizielle Schach-Lernsoftware des Deutschen Schachbundes zur Erringung des Bauerndiploms
(**7015**-2) Diskette für C 64/C 128 PC mit Begleitheft,
(**7005**-1) Diskette für Atari ST 520/1040, mit Begleitheft. ●●●●●*

**TEXAD**
Text- und Adressenverwaltung
Mit Musterbriefen und Formularen für den privaten und geschäftlichen Bereich
(**7017**-9) für IBM-PC und Kompatible, Disk. 5 1/4'', mit Begleitheft. Einführungspreis bis 11.10.90 **DM 198,–;** S 1980,–; Fr 193.30, danach **DM 258,–;** S 2580,–; Fr 251.70.
(**7048**-9) Diskette 3 1/2'', mit Handbuch. ●●●●●*
(**7049**-7) Demo-Version 5 1/4'', o. Handbuch. ●●*
(**7050**-0) Demo-Version 3 1/2'', o. Handbuch. ●●*

**DOS-Tutor**
DOS lernen, üben und beherrschen
(**7020**-9) Diskette 5 1/4'' für IBM PC + Kompatible, mit Begleitheft. ●●●●●*
(**7021**-7) Diskette 3 1/2'' für IBM PC + Kompatible, mit Begleitheft. ●●●●●*

**Wirtschaftsrechnen in Beruf und Alltag**
(**7037**-3) Diskette für IBM PC + Kompatible, mit Begleitheft. ●●●●●

**Vokabeltrainer Englisch**
Über 2000 Vokabeln und Redewendungen
(**7001**-2) 2 Disk. für C 64/C 128 PC, mit Begleitheft
(**7007**-1) Disk. für Atari ST 520/1040, mit Begleitheft. ●●●●●*

**Take a Trip to Britain**
Spielend Englisch lernen mit dem Computer
(**7004**-7) Diskette für C 64/C 128 PC, mit Begleitheft. ●●●●*
(**7039**-X) Diskette 5 1/4'' für IBM PC + Kompatible, mit Begleitheft. ●●●●●*

**The Grammar Master**
(**7002**-0) Diskette für C 64/C 128 PC, mit Begleitheft. ●●●●*
(**7030**-6) für IBM-PC + Kompatible, mit Begleitheft, ●●●●●*
(**7031**-4) für Atari ST 520/1040 mit Begleitheft, ●●●●●*
(**7032**-2) für Amiga, mit Begleitheft. ●●●●●*

**Vokabeltrainer Französisch**
Über 2000 Vokabeln und Redewendungen
(**7018**-7) Systemdisk. + Wendedisk. f. C 64/C 128 PC, mit Begleitheft, (**7019**-5) Disk. für IBM-PC und Kompatible, mit Begleitheft. ●●●●●*

**Bon voyage**
Spielend Französisch lernen mit dem Computer
(**7036**-5) Diskette für IBM PC + Kompatible, mit Begleitheft. ●●●●●*

**Vokabeltrainer Latein**
Über 2000 Vokabeln und Redewendungen frei erweiterbar
(**7022**-5) Von B. Hoppius, 2 Wendedisketten für C 64/C 128 PC, mit Begleitheft.
(**7033**-0) Diskette für IBM PC + Kompatible, mit Begleitheft. ●●●●●*

**Börsenfieber**
Spielend spekulieren mit Geld und Aktien
(**7016**-0) Für IBM-PC und Kompatible, Diskette 5 1/4'', mit Begleitheft.
(**7026**-8) für C 64/C 128 PC, mit Begleitheft,
(**7027**-6) für Atari ST 520/1040, mit Begleitheft,
(**7028**-4) für Amiga, mit Begleitheft. ●●●●●*
(**7044**-6) für IBM PC + Kompatible, Diskette 3 1/2'', mit Begleitheft. ●●●●●*
(**7038**-1) für C 64/128 C Kassette, mit Begleitheft. ●●●●*

## Video

**Kochschule mit Paul Bocuse**
Der Meisterkoch verrät die Geheimnisse der französischen Küche
(**6016**-5) VHS, 60 Min., in Farbe, mit Begleitheft. ●●●●●*

**Hobby Aquarellmalen**
Landschaft und Stilleben
(**6022**-X) VHS, 40 Min., in Farbe, mit Begleitheft. ●●●●*

**Hobby Ölmalerei**
Landschaft und Stilleben
(**6025**-4) VHS, 40 Min., in Farbe, mit Begleitheft. ●●●●*

**Perfekt Stricken**
Neue Techniken Schritt für Schritt
(**6007**-6) VHS, 51 Min., in Farbe, mit Begleitheft. ●●●●*

**Hobby Salzteig**
Rezepte/Techniken/Modelle
(**6010**-6) VHS, 35 Min., in Farbe, mit Begleitheft. ●●●*

**Basteln mit Kindern**
(**6041**-6) VHS, 60 Min., in Farbe, mit Vorlagen in Originalgröße, mit Begleitheft. ●●●*

**Die Modelleisenbahn**
Anlagenbau in Modultechnik
(**6028**-9) VHS, 30 Min., in Farbe. ●●●●*

**Karate**
Einführung und Grundtechniken
(**6037**-8) VHS, 45 Min., in Farbe, mit Begleitheft. ●●●●*

**Fit und Gesund**
Körpertraining und Bodybuilding zu Hause
(**6013**-0) VHS, 30 Min., in Farbe, mit Begleitheft. ●●●●*

**Pflanzenjournal**
Blumen- und Pflanzenpflege im Jahreslauf
(**6036**-X) VHS, 30 Min., mit Begleitheft. ●●●●*

**Schnitt und Pflege** von Bäumen und Sträuchern
(**6050**-5) VHS, 45 Min., in Farbe, mit Begleitheft. ●●●●*

**Aktfotografie**
Gestaltung/Technik/Spezialeffekte
Interpretationen zu einem unerschöpflichen Thema
(**6001**-7) VHS, 60 Min., in Farbe, mit Begleitheft. ●●●●●*

**Golf**
(**6053**-X) VHS, 60 Min., in Farbe, mit Begleitheft. ●●●●●*

**TELE-SKI**
Skigymnastik perfekt
(**6052**-1) VHS, 60 Min., in Farbe, mit Begleitheft. ●●●●●*

**Internationale Deutsche Rallye-Meisterschaft '89**
(**6045**-8) VHS, 60 Min., in Farbe, mit Begleitheft. ●●●●*

**Videografieren**
Technik/Bildgestaltung/Schnitt/Vertonung
Filmen mit Video 8
(**6031**-9) VHS,
(**6033**-5) Beta, (**6034**-3) Video 8,
60 Min., in Farbe, mit Begleitheft. ●●●●●*

**Videografieren perfekt**
Profitricks für Aufnahmetechnik und Nachbearbeitung
(**6042**-4) VHS, (**6043**-2) Beta, (**6044**-4) Video 8, 60 Min., in Farbe, mit Begleitheft. ●●●●●*

Streicheleinheiten für Körper und Seele
**Körper Massage**
(**6051**-3) VHS, 45 Min., in Farbe, mit Begleitheft. ●●●●●*

Reiseziel **New York**
Die schönsten Sehenswürdigkeiten, präzise Informationen, praktische Tips
(**6048**-3) VHS, 60 Min., in Farbe, mit Begleitbroschüre. ●●●●●*

Reiseziel **Kalifornien**
San Franzisko und die schönsten Ziele in Kalifornien.
Präzise Informationen und praktische Tips
(**6049**-1) VHS, 60 Min., in Farbe, mit Begleitbroschüre. ●●●●●*

Reiseziel **Florida**
(**6054**-8) VHS, 60 Min., in Farbe, mit Begleitheft. ●●●●●*

Reiseziel **USA**
(**6055**-6) VHS, 60 Min., in Farbe, mit Begleitheft. ●●●●●*

Reiseziel **Irland**
(**6059**-9) VHS, 60 Min., in Farbe, mit Begleitheft. ●●●●●*

Reiseziel **DDR**
(**6061**-0) VHS, 60 Min., in Farbe, mit Begleitheft. ●●●●●*

**Info-Tour USA**
Die Highlights aus dem FALKEN Reiseprogramm
(**6060**--2) VHS, 30 Min., in Farbe, mit Begleitheft. ●

**Gesund durch Gedankenenergie**
Heilung im gemeinsamen Kraftfeld
(**6035**-1) VHS, 45 Min., in Farbe, mit Begleitheft. ●●●●●*

**Körpersprache**
verstehen und deuten
(**6046**-7) VHS, 60 Min., in Farbe, mit Begleitheft. ●●●●●*

**Das erfolgreiche Vorstellungsgespräch**
(**6047**-5) VHS, 60 Min., in Farbe, mit Begleitheft. ●●●●●*

# Bestellschein

Erfüllungsort und Gerichtsstand für Vollkaufleute ist der jeweilige Sitz der Lieferfirma. Für alle übrigen Kunden gilt dieser Gerichtsstand für das Mahnverfahren. Falls durch besondere Umstände Preisänderungen notwendig werden, erfolgt Auftragserledigung zu dem bei der Lieferung gültigen Preis.

Ich bestelle hiermit aus dem Falken-Verlag GmbH, Postfach 11 20, D-6272 Niedernhausen/Ts., durch die Buchhandlung:

Ex.

Ex.

Ex.

Ex.

Name: Datum:

Straße:

Ort: Unterschrift:

Die hier vorgestellten Bücher, Videokassetten und Software sind in folgende Preisgruppen unterteilt:

● Preisgruppe bis DM 10,–/S 79,–/SFr.10
●● Preisgruppe über DM 10,– bis DM 20,– S 80,– bis S 160,– SFr. 10,– bis SFr. 20,–
●●● Preisgruppe über DM 20,– bis DM 30,– S 161,– bis S 240,– SFr. 20,– bis SFr. 29,–
●●●● Preisgruppe über DM 30,– bis DM 50,– S 241,– bis S 400,– SFr. 29,– bis SFr. 48,–
●●●●● Preisgruppe über DM 50,–/S 401,–/SFr.48,–
*(unverbindliche Preisempfehlung)

Die Preise entsprechen dem Status beim Druck dieses Verzeichnisses (s. Seite 1) – Änderungen, im besonderen der Preise, vorbehalten –

# Ernährungs-Ratgeber

# Darmträgheit

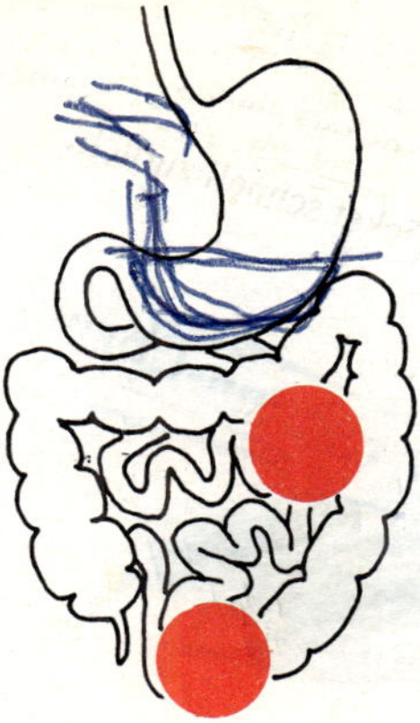



Schutzgebühr 0,50 DM

UNIPHARMA-Verlag, Apotheker G. Gatermann, Kaiser-Wilhelm-Str. 305, 4100 Duisburg 11

Wissenschaftliche Beratung:
Lebensmittelchemiker Dr. D. Schenker,
Apotheker G. Gatermann



Druck: MERKUR DRUCK, Duisburg

# Inhaltsverzeichnis

# Ernährung durch Diät oder Schonkost

Nach wissenschaftlichen Erkenntnissen sind heute 70 % aller Krankheiten ernährungsabhängig. Mit Arzneimitteln müssen 87 % der Erkrankten behandelt werden. Diesen Teufelskreis gilt es zu durchbrechen.

Der Mensch schöpft aus der tierischen und pflanzlichen Nahrung Energie und Baustoffe zur Erhaltung und zum Aufbau seines Organismus. Natürliche Nahrungsmittelgifte belasten den Körper eines gesunden Menschen nicht. Stoffe wie Coffein, Oxalsäure und Abbauprodukte vieler biochemischer Vorgänge zählen zu diesen Nahrungsmittelgiften. Bei vielen Erkrankungen aber wird jedoch der Körper durch natürliche Gefahrenpotentiale der Nahrung, Zubereitungsformen oder Abbauprodukte belastet. Oft sind ganze Nährstoffgruppen nicht gefahrlos zu verwerten oder es tritt ein Mangel an einzelnen Komponenten in der Nahrung auf. In der Gesamtbehandlung von Krankheiten nimmt die Ernährungsbehandlung eine wichtige unterstützende Rolle ein.

Kost, die auf bestimmte Ernährungserfordernisse abgestellt ist, wird meist mit den Begriffen „Diät", „diätgeeignet" oder „Schonkost" beschrieben. Das deutsche Lebensmittelgesetz läßt keinerlei Hinweise auf krankheits- oder gesundheitsbezogene Tatsachen im Zusammenhang mit Lebensmitteln zu. Eine Ausnahme bilden solche Lebensmittel, die nach der „Verordnung über diätetische Lebensmittel" extra zur Behandlung akuter Ernährungsschwierigkeiten, wie Diabetes oder Natriumempfindlichkeit, hergestellt werden. Nur sie dürfen die Bezeichnung „diät", auch in Wortzusammensetzungen, enthalten. Eine Vielzahl anderer Nahrungsmittel, die allgemein als schonend für besondere Krankheitsbilder angesehen werden, dürfen darauf im gewerblichen Verkehr keinen Hinweis enthalten.

Bedürftige und Kranke sind darauf angewiesen, andere Hinweise auf schonende Ernährungsweisen zu bekommen. Das vorliegende Heftchen beinhaltet eine Kurzauflistung von Nahrungsmitteln auf ihre Eignung bei bestimmten Krankheitsbildern. Es ist darauf geachtet worden, daß Vertreter aller typischen Nahrungsmittelgruppen aufgelistet sind. Der Eignungsgrad nicht aufgeführter Speisen läßt sich deshalb gegebenenfalls selbst leicht ableiten.

Die Zusammenstellung erfolgte unter gründlicher Auswertung diätetischer Hinweise aus Literatur und Praxis, sowie neuerer lebensmittelchemischer Erkenntnisse zur Fremdstoffbelastung und zum Schadstoffeintrag bei Nahrungsmitteln.

# Die Ernährung bei Darmträgheit (Obstipation)

Zu den heutigen weitverbreitesten Unpäßlichkeiten des täglichen Leben zählen Stuhlträgheit und Verstopfung. Immer dann, wenn akute Erkrankur gen vom Arzt ausgeschlossen sind, kann eine Umstellung in Ernährungs und Lebensführung zu wundersamen Erfolgen führen.

Allgemein wird angenommen, daß die heutige Lebensweise mit ungenü gender bzw. einseitiger körperlicher Belastung und ballaststoffarmer, ei weißreicher Ernährung sich nachteilig auf die Darmbewegungen, und dam auch Darmfunktion, auswirkt. Beweis dafür ist die in den letzten Jahrzehnter zu beobachtende stetige Zunahme der beschwerdehaften Fälle.

Eine der wichtigsten Voraussetzungen für die Bekämpfung aller Formen de Stuhlträgheit und Verstopfung ist eine Erziehung zur Selbstdisziplin, die sich in folgendem Motto zusammenfassen läßt:

**„Täglich zur gleichen Zeit,<br>in genügender Ruhe,<br>am gleichen Ort!“**

Durch eine spezielle Ernährung lassen sich eine Reihe von mechanischen, chemischen und thermischen Reizen auf den Darmtrakt bewirken, die zur Anregung der Darmtätigkeit beitragen. Zu den Nahrungsbestandteilen, die einen mechanischen Effekt ausüben, zählen die Ballaststoffe. Sie füllen den Darm. Die dabei auftretende Dehnung des Darmrohres stellt einen physiologischen Reiz für die Peristaltik (Darmbewegung) dar. Ballaststoffe, zu denen als wichtiger Vertreter auch die Zellulose zählt, binden Wasser und verhindern damit eine zu starke Eindickung des Darminhaltes. Außerdem kommt es zu einer optimalen bakteriellen Gärung mit Gasentwicklung, die ebenfalls die Darmtätigkeit fördert. Ballaststoffreiche Lebensmittel sind insbesondere Leinsamenschrot, Kleie, Vollkornerzeugnisse, Schrote, Müsli, Rohobst, Rohsalate, Trockenobst und Gemüse.

Leicht abführend wirken alle Nahrungsmittel, die Milchsäure enthalten, wie Sauermilcherzeugnisse aller Art, Molke, saure Gurken (Salzgurken) und Sauerkraut. Einen weiteren chemischen Effekt können auch die Röststoffe des Bohnenkaffees, sowie kohlensäurehaltige Getränke ausüben und anregend auf die Darmperistaltik wirken.

Oft wird beobachtet, daß thermische Reize, insbesondere das Trinken von kalten oder eisgekühlten Getränken auf nüchternen Magen, reflektorisch die Dickdarmperistaltik fördern.

rößere Fettmengen können ebenfalls einen günstigen Einfluß auf die armperistaltik ausüben. Werden sie nicht vollständig resorbiert (aufgenommen), wirken sie praktisch als Gleitmittel. Allerdings ist eine solche fettreiche rnährung nur für einen kurzen Zeitraum zu empfehlen. Auch größere Menen an Nüssen eignen sich gut für diesen Zweck.

llgemein gilt: Lebensmittel, die wenig unverdauliche Ballaststoffe enthalen, wie reine Mehlprodukte, Reis, Teigwaren, Zuckerwaren, mageres leisch und Eier, sollen niemals die Kostfolge beherrschen. Zu achten ist uch bei dieser Ernährung auf die kalorischen Inhalte der Lebensmittel, um icht ein Übergewicht hervorzurufen.

**rankheiten sind vielgestaltig. Es kann daher im Einzelfall ärztlich beründet sein, eine andere Diät zu verordnen.**

---

# ormal- und Richtwerte

**Körpergewichte (nach Broca-Formel)**

Faustformel für normales Körpergewicht:
Körpergröße minus 100

Faustformel für ideales Körpergewicht:
Körpergröße minus 100 minus 10 % = Männer
Körpergröße minus 100 minus 15 % = Frauen

**Blutdrucknormalwerte**
**(nach Deutsche Liga gegen Bluthochdruck)**

Faustformel systolischer Blutdruck:
Zahl der Lebensjahre plus 100 (maximal 160 mmHg)

Faustformel diastolischer Blutdruck:
90 mmHg für alle Lebensalter

---

# Zeichenerklärung

Der Eignungsgrad der aufgelisteten Nahrungsmittel für die Verwendung in Schonkostformen ist durch die nachfolgend erläuterten Symbole beschrieben.

✦ = besonders empfohlen
\+ = erlaubt
**O** = eingeschränkt erlaubt
**T** = verboten (tabu)

**Milch**

Milch, ab Hof ✦
Milch, entrahmte
Milch, teilentrahmte
Milch, Vollmilch
Milch, Vorzugsmilch

**Milchprodukte**

Buttermilch ✦
Buttermilch, mit Frucht
Buttermilch, rein
Joghurt
Joghurt, mit Früchten
Sauermilch
Sauermilch, mit Früchten
Sauermilch, dickgelegt
Sauermolke
Süßmolke

Buttermilchpulver +
Crème Fraich
Joghurtpulver
Kaffeesahne
Kefir
Kefir, mit Früchten
Kondensmilch
Magermilchpulver
Molkensahne
Sahne, sauer
Sahnedickmilch
Sahnedickmilch, mit Früchten
Sahnejoghurt
Sahnejoghurt, mit Früchten
Sahnekefir
Sahnekefir, mit Früchten
Sahnepulver
Sauermolkenpulver
Süßmolkenpulver
Vollmilchpulver

Kondensmilch, gezuckert O
Sahne, geschlagen
Sahne, geschlagen, gezuckert
Schlagsahne

**Käse**

Frischkäse, Quark bis 20 % Fett i. T. ✦
Quarkzubereitungen bis 20 % Fett i. T.

Frischkäse, Quark ab 20 % Fett i. T. +
Quarkzubereitungen ab 20 % Fett i. T.
Sauermilchkäse (Harzer)
Schafskäse
Ziegenkäse

Fonduekäsemischung O
Schmelzkäse bis 20 % Fett i. T.
Schmelzkäsezubereitungen bis 20 % Fett i. T.
Weichkäse

Hartkäse T
Schmelzkäse ab 20 % Fett i. T.
Schmelzkäsezubereitungen ab 20 % Fett i. T.
Schnittkäse
Schnittkäse, halbfest

**Butter**

Butter, gebräunt +
Butter, gesalzen
Butter, ungesalzen

Butterschmalz O
Kräuterbutter
Milchhalbfetterzeugnis

**Fleisch**

Kalbfleisch +
Lamm
Ochsenschwanz
Rindfleisch, mager
Schaffleisch, mager

**Zeichenerklärung: siehe Seite 5.**

| | |
|---|---|
| Schweinefleisch, mager | + |
| Zunge | |
| Hauskaninchen | O |
| Herz | |
| Hirn | |
| Kalbsbries | |
| Leber | |
| Lunge | |
| Mett | |
| Niere | |
| Rindergehacktes | |
| Rindermark | |
| Schabefleisch | |
| Eisbein | T |
| Haxe | |
| Rindfleisch, fett | |
| Schaffleisch, fett | |
| Schweinefleisch, fett | |
| Spanferkel | |

**Fleischwaren**

| | |
|---|---|
| Bratwurst | O |
| Brühwurst | |
| Brühwurst, mit Einlage | |
| Brühwurstpastete | |
| Bündner Fleisch | |
| Cevapcici | |
| Corned Beef | |
| Frikadelle | |
| Hamburger | |
| Kochstreichwurst | |
| Kochwurstpastete | |
| Leberknödel | |
| Leberwurst | |
| Rauchfleisch | |
| Rindfleischkonserven | |
| Rotwurst (Blutwurst) | |
| Schinken, gekocht | |
| Schinken, roh, mager | |
| Zungenwurst | |
| Rindertalg | T |
| Rohwurst, schnittfest | |
| Rohwurst, streichfähig | |
| Schaschlik | |
| Schinken, roh, fett | |
| Schmalz | |
| Schmalzfleisch | |
| Speck | |
| Sülze | |
| Sülzwurst | |

**Wild**

| | |
|---|---|
| Fasan | + |
| Hase | |
| Hirsch | |
| Rebhuhn | |
| Reh | |
| Wachtel | |
| Wildente | |
| Wildkaninchen | |
| Wildtaube | |
| Wildschwein | O |

**Geflügel**

| | |
|---|---|
| Brathähnchen, ohne Haut | + |
| Huhn, mager | |
| Pute, ohne Haut | |
| Taube | |
| Ente | T |
| Gans | |
| Gänsepastete | |
| Gänseschmalz | |
| Huhn, fett | |

**Eier**

| | |
|---|---|
| Eier, hart gekocht | O |
| Eier, weich gekocht | |

**Zeichenerklärung: siehe Seite 5.**

Eierstich **O**
Eigelb
Eiweiß, geschlagen
Omelette
Rühreier
Spiegelei

**Fisch**

Aal **+**
Blei
Flunder
Forelle
Hecht
Heilbutt
Kabeljau
Karpfen
Lachs
Makrele
Meerbrasse
Plötze
Rotbarsch
Rotfeder
Schellfisch
Schlei
Scholle
Seehecht
Seezunge
Steinbutt
Thunfisch
Zander

**Fischerzeugnisse**

Fischfrikadellen **O**
Fischstäbchen
Fischwurst
Kaviar
Kaviar, deutscher

Aal, geräuchert **T**
Anchovispaste
Bismarckhering
Brathering
Bratrollmops
Bückling
Dorschleber, in Öl
Dorschleberpastete
Hering, in Gelee
Heringsstipp
Kieler Sprotten
Lachsschnitzel, in Öl
Makrele, geräuchert
Ölsardinen
Rollmops
Salzheringe
Sardellenpaste
Sardellenringe
Schillerlocken
Stockfisch
Thunfisch, in Öl

**Krusten-, Schalen-, Weichtiere**

Austern **+**
Froschschenkel
Hummer
Krabben
Krebse
Krill
Langusten
Muscheln
Schnecken
Scrimps
Tintenfisch

Muscheln, in Tunke **O**

Muscheln, in Öl **T**
Walfleisch

**Brot, Backwaren**

Knäckebrot ✦

**Zeichenerklärung: siehe Seite 5.**

| | |
|---|---|
| Leinsamenbrot | ✦ |
| Vollkornbrot | |

| | |
|---|---|
| Zwieback | + |

| | |
|---|---|
| Schusterjunge | O |

| | |
|---|---|
| Baiser | T |
| Baumkuchen | |
| Brötchen, alt | |
| Butterkeks | |
| Cremetorte | |
| Dominosteine | |
| Florentiner | |
| Hefekuchen | |
| Hefeteilchen | |
| Lebkuchen | |
| Printen | |
| Pumpernickel | |
| Roggenbrot | |
| Rosinenstuten | |
| Sahnetorte | |
| Sandkuchen | |
| Schweinsohr (Blätterteig) | |
| Spekulatius | |
| Stollen | |
| Toastbrot | |
| Tortenboden (Bisquit) | |
| Vollkornbrot (grobschrotig) | |
| Weizenbrot | |
| Weizen-/Roggenmischbrot | |
| Windbeutel | |

**Nährmittel**

| | |
|---|---|
| Haferflocken | ✦ |
| Kleie | |
| Reis, ungeschält | |
| Vollkornprodukte | |

| | |
|---|---|
| Cornflakes (Mais) | + |
| Kartoffelklöße | |
| Kartoffelkroketten | |
| Kartoffelpuffer | + |
| Kartoffelpüree | |
| Kartoffelsalat | |
| Kartoffelsuppe | |
| Pellkartoffeln | |
| Pommes Frites | |
| Reis | |
| Salzkartoffeln | |

| | |
|---|---|
| Paniermehl | O |

| | |
|---|---|
| Backerbsen | T |
| Kartoffelchips | |
| Nudeln, mit Ei | |
| Nudeln, ohne Ei | |
| Pudding | |
| Roggenmehl | |
| Sago | |
| Semmelknödel | |
| Spätzle | |
| Weizengrieß | |
| Weizenmehl | |

**Obst, Obstprodukte**

| | |
|---|---|
| Äpfel | + |
| Ananas | |
| Aprikosen | |
| Bananen | |
| Beerenobstkonserven | |
| Birnen | |
| Brombeeren | |
| Citrusfruchkonserven | |
| Datteln | |
| Dörrobst | |
| Erdbeeren | |
| Feigen | |
| Früchte, kandiert | |
| Grapefruits | |
| Heidelbeeren | |
| Himbeeren | |

**Zeichenerklärung: siehe Seite 5.**

Johannisbeeren, rot +
Johannisbeeren, schwarz
Johannisbeeren, weiß
Kastanien
Kernobstkonserven
Kirschen, sauer
Kirschen, süß
Kiwi
Kürbiskonserven
Mandarinen
Mango
Melone
Orangen
Papayas
Pfirsiche
Pflaumen
Preiselbeeren
Rhabarber
Stachelbeeren
Steinobstkonserven
Weintrauben, rot
Weintrauben, weiß
Zitronen

Früchte, in Alkohol O

**Zucker, Honig, Konfitüren**

Milchzucker ✦

Apfelkraut +
Blütenhonig
Kunsthonig (Invertzuckercreme)
Pflaumenmus
Waldhonig, Honigtau
Zuckerrübenkraut

Fruchtzucker T
Gelee
Kandiszucker
Konfitüre
Nuß-Nougatcreme
Raffinade
Sorbit
Traubenzucker
Weißzucker

**Speiseeis, Süßwaren**

Dragee-Streusel T
Einfacheiskrem
Eiskaffee
Eiskonfekt
Eiskrem
Eisschokolade
Eistorte
Fondanterzeugnisse
Fruchteis
Geleerzeugnisse
Gummibonbons
Halvas
Hartkaramellen
Kremeis
Krokant
Kunstspeiseeis
Lakritzerzeugnisse
Marzipan
Milchspeiseeis
Nougat
Nußdragees
Rahmeis
Schaumzuckerwaren
Schokoladendragees
Softeis
Türkischer Honig
Weichkaramellen

**Gemüse (Pilze), Gemüseerzeugnisse**

Artischocken +
Aubergine
Birkenpilze

**Zeichenerklärung: siehe Seite 5.**

Blumenkohl +
Bohnen, grüne frische
Brokkoli
Butterpilze
Champignons
Chicoree
Endivie
Erbsen, junge
Feldsalat
Gurken
Gurken, essigsauer
Gurken, milchsauer
Kohlrabi, jung
Kopfsalat
Kresse
Mangold
Mischpilzkonserven
Mixed Pickles
Möhren
Oliven
Paprika
Pfifferlinge
Pilze, getrocknet
Radieschen
Rosenkohl
Rote Bete
Sauerkraut, roh, gehackt
Schwarzwurzel
Sellerie
Senfgurken
Sojakeimlinge
Spargel
Spinat
Steinpilze
Tomaten
Trüffel
Zucchini

Knoblauch O

Grünkohl T
Porree
Sauerkraut, gekocht
Weißkohl
Wirsingkohl
Zwiebeln
Zwiebeln, in Essig

**Hülsenfrüchte, Ölsamen, Schalenobst**

Leinsamen, gelb ✦

Erdnüsse +
Haselnüsse
Kokosnüsse
Mandeln, bitter
Mandeln, süß
Paranüsse
Pistazie
Sesam
Walnüsse

Bohnen, dick T
Bohnen, weiß
Erbsen, gelb
Erbsen, grün
Erbspüree
Linsen
Mohn

**Suppen, Soßen, Mayonnaise**

Erbsensuppe +
Fischsuppe
Fruchtkaltschale
Kartoffelsuppe
Soße, weiß
Tomatensuppe
Zwiebelsuppe

Bratensoße O

**Zeichenerklärung: siehe Seite 5.**

| | |
|---|---|
| Mockturtlesuppe | O |
| Brühwürfel | T |
| Dressing | |
| Fleischbrühe, klar | |
| Markklößchensuppe | |
| Mayonnaise 80 % Fett | |
| Remoulade | |
| Salatcreme | |
| Salatmayonnaise 50 % Fett | |

**Fette, Öle**

| | |
|---|---|
| Distelöl | + |
| Kakaobutter | |
| Kokosfett | |
| Leinöl | |
| Maiskeimöl | |
| Olivenöl | |
| Pflanzenmargarine | |
| Sonnenblumenöl | |
| Weizenkeimöl | |
| Margarine, vitaminisiert | O |
| Erdnußfett | T |
| Fettglasur | |
| Fritierfett | |
| Halbfettmargarine | |
| Margarine | |

**Frucht-, Gemüsesäfte, Sirupe**

| | |
|---|---|
| Apfelnektar | + |
| Apfelsaft | |
| Aprikosennektar | |
| Grapefruitsaft | |
| Heidelbeersaft | |
| Himbeersirup | |
| Johannisbeersaft, schwarz | |
| Kirschsirup | |
| Möhrensaft | |
| Orangennektar | |
| Orangensaft | + |
| Orangensirup | |
| Pfirsichnektar | |
| Preiselbeersaft | |
| Rote Betesaft | |
| Sauerkirschnektar | |
| Sauerkirschsaft | |
| Sauerkrautsaft | |
| Tomatensaft | |
| Traubensaft, rot | |
| Traubensaft, weiß | |
| Waldmeistersirup | |
| Zitronensaft | |

**Erfrischungsgetränke (alkoholfrei)**

| | |
|---|---|
| Apfelsaftgetränk | + |
| Fruchtsaftgetränke | |
| Johannisbeersaftgetränk | |
| Mineralarmes Wasser, still | |
| Mineralarmes Wasser, kohlensäurehaltig | |
| Mineralwasser, kohlensäurehaltig | |
| Mineralwasser, still | |
| Orangensaftgetränk | |
| Getränkepulver | O |
| Getränkepulver, kakaohaltig | |
| Bier, alkoholfrei | T |
| Brausen | |
| Brausepulver | |
| Limonade | |
| Limonade, bitterstoffhaltig | |
| Limonade, coffeinhaltig | |

**Getränke (alkoholhaltig)**

| | |
|---|---|
| Apfelkorn | T |
| Aprikotbrandy | |
| Aufgesetzter | |
| Berliner Weiße | |
| Bier mit Limonade | |

**Zeichenerklärung: siehe Seite 5.**

| | |
|---|---|
| Bier, alkoholarm | T |
| Bowle | |
| Cocktails | |
| Eierlikör | |
| Einfachbier | |
| Hefebier | |
| Klarer | |
| Korn | |
| Kräuterlikör | |
| Magenbitter | |
| Malzbier | |
| Obstgeist | |
| Obstwasser | |
| Obstwein | |
| Punsch | |
| Rotwein, leicht | |
| Rotwein, schwer | |
| Rum | |
| Schankbier | |
| Sekt | |
| Starkbier | |
| Vollbier, Alt | |
| Vollbier, Export | |
| Vollbier, Pils | |
| Wacholder | |
| Wein, leicht süß | |
| Wein, sehr süß | |
| Wein, säurereich | |
| Wein, trocken | |
| Weinbrand | |
| Weißbier | |
| Wermutwein, süß | |
| Wermutwein, trocken | |
| Whisky | |
| Wodka | |

**Kakaoerzeugnisse, Kaffee, Tee**

| | |
|---|---|
| Hagebuttentee | + |
| Hibiskusblütentee | + |
| Kaffee | |
| Kaffee, entcoffeiniert | |
| Kaffee, säurearm | |
| Kaffee, säurearm entcoffeiniert | |
| Kamillenblütentee | |
| Lindenblütentee | |
| Malvenblütentee | |
| Malzkaffee | |
| Pfefferminztee | |

| | |
|---|---|
| Haushaltsschokolade | T |
| Kakaohaltige Getränkepulver | |
| Kakaopulver, schwach entölt | |
| Kakaopulver, stark entölt | |
| Milchschokolade | |
| Nußschokolade | |
| Pralinen | |
| Pralinen, alkoholhaltig | |
| Sahneschokolade | |
| Schokolade, gefüllt | |
| Schokolade, weiß | |
| Schokoladenstreusel | |
| Tee, entcoffeiniert | |
| Tee, grün | |
| Tee, schwarz | |

**Gewürze, Würzmittel**

| | |
|---|---|
| Chillis | + |
| Gewürzmischungen | |
| Gewürzsalze | |
| Ingwer | |
| Kapern | |
| Ketchup | |
| Kurkuma | |
| Kümmel | |
| Liebstöckelkraut | |
| Maggipilz | |
| Meerrettich, gerieben | |

**Zeichenerklärung: siehe Seite 5.**

| | |
|---|---|
| Meersalz | + |
| Muskatnuß | |
| Nelken | |
| Paprika | |
| Pfeffer, grün | |
| Pfeffer, schwarz | |
| Pfeffer, weiß | |
| Salz | |
| Senf, mild | |
| Senf, süß | |
| Senfkörner | |

| | |
|---|---|
| Suppengewürze | + |
| Tafelmeerrettich | |
| Tomatenmark | |
| Wacholderbeeren | |
| Chillisoße | O |
| Essig | |
| Glutamat | |
| Senf, scharf | |
| Tabasco | |
| Worchestersoße | |

**Zeichenerklärung: siehe Seite 5.**

## Kalorien-Bedarf (Empfehlenswerte Höhe nach DGE)

<table>
<tr><th rowspan="2">Gruppen</th><th rowspan="2">Alter</th><th colspan="2">Kalorien in kcal (kJ)</th></tr>
<tr><th>männlich</th><th>weiblich</th></tr>
<tr><td>Kinder</td><td>unter 6 Monaten</td><td colspan="2">600 (2500)</td></tr>
<tr><td></td><td>6 – 12 Monate</td><td colspan="2">900 (3800)</td></tr>
<tr><td></td><td>1 – 4 Jahre</td><td colspan="2">1200 (5000)</td></tr>
<tr><td></td><td>4 – 7 Jahre</td><td colspan="2">1600 (6700)</td></tr>
<tr><td></td><td>7 – 10 Jahre</td><td colspan="2">2000 (8400)</td></tr>
<tr><td></td><td>10 – 13 Jahre</td><td>2400 (10000)</td><td>2100 ( 8800)</td></tr>
<tr><td></td><td>13 – 15 Jahre</td><td>2700 (11300)</td><td>2400 (10000)</td></tr>
<tr><td></td><td>15 – 19 Jahre</td><td>3100 (13000)</td><td>2500 (10500)</td></tr>
<tr><td>Erwachsene[1)]</td><td>19 – 50 Jahre</td><td>2500 (10500)</td><td>2100 ( 8800)</td></tr>
<tr><td></td><td>65 Jahre</td><td>2200 ( 9200)</td><td>1800 ( 7500)</td></tr>
<tr><td>Schwangere</td><td>bis 6. Monat</td><td></td><td>2200 ( 9200)</td></tr>
<tr><td></td><td>ab 6. Monat</td><td></td><td>2600 (10900)</td></tr>
<tr><td>Stillende</td><td></td><td></td><td>2800 (11700)</td></tr>
</table>

[1)]mit vorwiegend sitzender Tätigkeit

# Begriffe aus der Ernährung

**Mineralstoffe:** An der Zusammensetzung des menschlichen Körpers sind Mineralstoffe mit 4 bis 5 % beteiligt. Zu den Mineralstoffen zählen Kalium (K), Natrium (Na), Magnesium (Mg), Calcium (Ca), Phosphor (P) und Chlorid ($Cl^-$). Es sind lebensnotwendige (essentielle) anorganische Substanzen, die im Körper am osmotischen Gleichgewicht beteiligt sind, an der Regulierung biologischer Vorgänge, bei der Aktivität der Nerven, als Skelettbausteine und als Bestandteile von Zähnen, Hormonen und Enzymen.

**Spurenelemente:** Zu den Spurenelementen zählen eine Vielzahl von Elementen, wie Chrom, Eisen, Fluor, Jod, Kobalt, Kupfer, Mangan, Molybdän, Nickel, Selen, Vanadium, Zink und Zinn. Sie sind Nährstoffe, die nur in ganz geringen Mengen vom Körper benötigt werden. Ihr Fehlen kann zu verschiedenartigen Mangelkrankheiten führen. Es wird angenommen, daß der Gesamtanteil aller Spurenelemente am Körper etwa 0,005 % beträgt, Spurenelemente sind überwiegend als Bausteine von Blut, Hormonen und Enzymen sowie an spezifischen enzymatischen Steuerungen im Körper beteiligt.

**Vitamine:** Dazu zählt man lebensnotwendige Verbindungen, die vom menschlichen Organismus nicht oder nicht ausreichend selbst hergestellt werden können. Sie müssen mit der Nahrung – auch in Form der leicht in die eigentlichen Vitamine umwandelbaren Vorstufen (sogenannte Provitamine) – aufgenommen werden. Vitamine werden nur in geringen Mengen vom Körper für die Aufrechterhaltung biochemischer Vorgänge benötigt. Es handelt sich im chemischen Sinne nicht um eine einheitliche Stoffgruppe. Eine fehlende Zufuhr an einzelnen Vitaminen führt zu Ausfallerscheinungen, die als ernährungsbedingte Krankheiten bezeichnet werden müssen.

**Ballaststoffe:** Es handelt sich hierbei um organische Bestandteile pflanzlicher Nahrung, die von Enzymen des menschlichen Verdauungstraktes nicht abgebaut werden können. Vorwiegend sind es Kohlenhydrate aus Pflanzenzellwänden, wie Zellulose, Hemizellulosen und Pektinen. Lediglich Mikroorganismen des Dickdarms können einige Ballaststoffe um- oder abbauen. Ballaststoffe sind wichtig für die Darmperistaltik und können die gesamte Palette der ernährungsabhängigen Gesundheitsstörungen günstig beeinflussen. Zu den Nahrungsmitteln, die ballaststoffreich sind, zählen die Gemüsearten, sowie Schrot-, Vollkorn- und Kleieprodukte.

**Protein (Eiweiß):** Eiweiß gehört zu den energieliefernden Nährstoffen. Seine Hauptaufgabe ist, Organe und Muskeln aufzubauen. Da das Körperprotein sich verbraucht, muß es ständig erneuert werden. Die tägliche Zufuhr von Eiweiß soll bei Erwachsenen 0,8 bis 0,9 g pro kg Körpergewicht betragen. Kinder und Jugendliche haben einen höheren Eiweißbedarf.

**Aminosäuren:** Die Aminosäuren sind die Bausteine des Eiweißes. Über 20 verschiedene Aminosäuren sind am Eiweißaufbau beteiligt. Einige von ihnen kann der menschliche Körper nicht selbst herstellen, sie müssen mit der Nahrung aufgenommen werden.

**Biologische Wertigkeit:** Die biologische Wertigkeit des Nahrungsproteins ist umso höher, je ähnlicher es dem Körperprotein ist. Proteine aus Nahrung tierischer Herkunft, wie Milchprodukte, Eier und Fleisch von Rindern, Kälbern, Schweinen, Geflügel, Wild und Fischen, haben eine hohe biologische Wertigkeit. Einige Eiweißarten pflanzlicher Herkunft ergänzen tierisches Protein vorteilhaft.

**Fette:** Hierunter versteht man Verbindungen aus Glyzerin und Fettsäuren, die wichtige energieliefernde Nährstoffe sind. Für die Verdaulichkeit der Fette ist die Art der enthaltenen Fettsäuren von Bedeutung, weil sie den Schmelzpunkt des Fettes bestimmen. Fette mit einem Schmelzpunkt, der erheblich über der menschlichen Körpertemperatur liegt, werden nur zum Teil ernährungsphysiologisch ausgenützt. Für die Ernährung sind pflanzliche und tierische Fette geeignet. Sie werden vom Körper als Energiespender, zur Energielagerhaltung (Depotfette) und für verschiedene Lebensfunktionen benötigt.

**Essentielle Fettsäuren:** Einige Fettsäuren können vom Körper nicht selbst aufgebaut werden. Sie müssen ihm über die Nahrung zugeführt werden. Es sind die Fettsäuren, die im Molekül mehrfach Doppelbindungen enthalten, auch mehrfach ungesättigte Fettsäuren genannt. Fette mit hohen Anteilen an mehrfach ungesättigten Fettsäuren (z. B. Linolsäure, Linolensäure) sind besonders wertvoll. Hierzu zählen: Weizenkeimöl, Sonnenblumenöl, Distelöl (Safloröl), Maiskeimöl, Sojaöl und Baumwollsaatöl.